［英］温斯顿·丘吉尔—著　　李国庆等—译

CHURCHILL'S MEMOIRS OF WORLD WAR II

丘吉尔二战回忆录

晦暗的战局

SPM 南方传媒 ｜ 广东人民出版社

· 广州 ·

图书在版编目（CIP）数据

晦暗的战局 /（英）温斯顿·丘吉尔著；李国庆等译. -- 广州：广东人民出版社，2024.8. --（丘吉尔二战回忆录）. -- ISBN 978-7-218-17961-2

Ⅰ. K835.617=5；K152

中国国家版本馆 CIP 数据核字第 2024MR8941 号

QIUJI'ER ERZHAN HUIYILU · HUI'AN DE ZHANJU

丘吉尔二战回忆录·晦暗的战局

［英］温斯顿·丘吉尔 著　李国庆等 译　　版权所有　翻印必究

出　版　人：肖风华

责任编辑：范先銎　戴璐琪
责任技编：吴彦斌
封面设计：贾　莹

出版发行：广东人民出版社
地　　址：广州市越秀区大沙头四马路 10 号（邮政编码：510199）
电　　话：（020）85716809（总编室）
传　　真：（020）83289585
网　　址：http://www.gdpph.com
印　　刷：三河市人民印务有限公司
开　　本：787 毫米 × 1092 毫米　1/16
印　　张：12.75　　字　　数：184 千
版　　次：2024 年 8 月第 1 版
印　　次：2024 年 8 月第 1 次印刷
定　　价：68.00 元

如发现印装质量问题，影响阅读，请与出版社（020-87712513）联系调换。
售书热线：（020）87717307

《丘吉尔二战回忆录》 译者

（排名不分先后）

李国庆	张　跃	栾伟霞	曾钰婷	刘锡赟	张　妮
李楠楠	汤雪梅	赵荣琛	宋燕青	赖宝滢	张建秀
夏伟凡	王　婷	江　霞	王秋瑶	郑丹铭	姜嘉颖
郭燕青	胡京华	梁　楹	刘婷玉	邓辉敏	李丽枚
郭轶凡	郭伊芸	韩　意	李丹丹	晋丹星	周园园
王璠琏					

战争时：　意志坚定
战败时：　顽强不屈
胜利时：　宽容敦厚
和平时：　友好亲善

致　谢

在本卷①的写作过程中，中将亨利·波纳尔爵士给予了很多军事方面的帮助，艾伦准将在海军方面帮助颇大，牛津大学沃德姆学院迪金上校则在欧洲和一般事务上提供了很多支持，之前他也曾大力支持我的《马尔巴罗传》一书。在措辞方面，爱德华·马什爵士鼎力相助。除此之外，我也对许许多多阅读过原稿并给出建议的其他人士表示感谢。

伊斯梅勋爵也曾经给予我宝贵的帮助，他和我的其他朋友也将在未来继续给予我支持。

感谢英国政府准许复制某些官方文件的文本，这些文本的王家版权归属于英国政府文书局局长，特此致谢。

---

① 原为整套书第一卷，卷名"铁血风暴"，现分为《愚行与危机》《进逼与绥靖》《从蚕食到大战》《晦暗的战局》四册。——编者注

前　言

在《世界危机》《东线战争》和《战后》里，我曾叙写第一次世界大战，而我必须承认的是，本书各卷（《愚行与危机》《进逼与绥靖》《从蚕食到大战》《晦暗的战局》等）是一战故事的延续之作。如果这套书全部写成，将会和一战回忆录各卷共同组成另一个"三十年战争"的文字记载。

和先前的作品一样，我将尽己所能，效仿笛福在《一个骑士的回忆录》中的写作手法，效仿他以个人经历为线索、按照时间顺序来记叙和讨论重大军事事件和政治事件。我或许是唯一一个经历过有史以来两次最大战争浩劫的内阁高层。在一战里，我虽参与其中但并非身居要职，而到了第二次对德之战，在五年多的时间里，我一直是英国政府的首相。因此，与前面不一样的是，我会从一个不同的角度、以身处更高的政治地位上的视野来进行写作。

几乎我的所有公务都是我向秘书口授办理的。在我担任首相期间，我发布的备忘录、命令、私人电报和节略的总字数可达近一百万字。那时，纷杂事务每天接踵而至，处理时仅能依据当时能够得到的信息，那些每天写下的文件难免有许多不足之处。然而这些积累下来，就是当时那些重大事件的真实记录，由主要负责英联邦及大英帝国战争和政策的人所见证。我不知道是否有或曾有过类似的记载，即那种关于战争进程和政府工作的每日记录。我并不会将之称为历史，因为历史是由后人撰写的。但我相信本书会对历史有所贡献，对未来有所帮助。

我终生的奋斗都包含和表现在这三十年的行动和主张里，我希望人们据此做出判断。我坚持我的原则，那就是从来不在事后评价任何战争或政策措施，除非我事先曾公开或正式表达过意见或给出警告。事实上，回首往事，我已经把当时很多有争议的严厉之辞改得柔和了。我在记录与很多我喜欢或尊敬的人的分歧之时，我非常痛苦，但如果不把这

1

些教训作为未来之鉴，那是不对的。本书记载了众多品德高尚的人的种种事迹，但愿没有人会轻视他们，而是去扪心自问、检讨自己，以史为鉴，指导日后的行为。

我不会指望人人都赞同我所说的，更不会只写那些迎合大众的内容。我会据己所见做出论证。我会慎重验证事实，但随着截获文件的披露或其他信息的曝光，新的证据会不断出现，这或许会让我之前所下的结论呈现出新的一面。这就是在一切水落石出之前，以当时可信的记录和记下的观点为依据的重要性。

有一天，罗斯福总统告诉我，关于这场大战该冠以何名，他正在向大众征集意见。我立刻回答："不必要的战争。"从来没有哪一场战争会比这场更容易加以制止，它摧毁了在上次大战中留下的一切。在上亿人做出了努力和牺牲、在正义的事业取得了胜利之后，我们依然没有获得和平或安全，而且相比于之前所征服的困难，我们现在还陷入了更为糟糕的境地，全人类的悲剧由此达到顶峰。我诚挚地希望，这些过往可以给未来以指引，新一代可以修正之前犯下的错误，根据人类的需求和荣誉，对徐徐展开的糟糕的未来加以掌控。

温斯顿·丘吉尔
于肯特郡，韦斯特勒姆，恰特韦尔庄园
1948 年 3 月

目录
CONTENTS

第一章

ONE

斯堪的纳维亚半岛、芬兰

挪威半岛——瑞典的铁矿石——中立与挪威走廊水域——德国幕后的情形——冯·雷德尔与罗森堡——希特勒的决定——苏联的失败和挫折——世界各国皆大欢喜——援助芬兰、挪威和瑞典，保持小国中立——在"挪威水道"布雷的提议——道义上的争端

　　从波罗的海入海口到北极圈蔓延一千英里的斯堪的纳维亚半岛，具有重要的战略意义。挪威山脉延伸至海洋，与众多岛屿形成了绵延的边境地带。夹在这些岛屿和大陆之间的水域，形成了一个走廊状的领海，德国可以通过这个领海保持与外海的交通联系，这对我们的封锁线造成了极大的破坏。德国的战争工业主要依赖瑞典供应的铁矿石。在夏季，矿石从位于波的尼亚湾①北部的瑞典吕勒奥②港口运出，但到了冬季，那里会结冰封港，便改为由挪威西海岸的纳尔维克③输出。如果听之任之，那么即便我们的制海权十分强大，也只能眼睁睁地看着德国在中立国的掩护下自由通行。海军参谋部对德国的这一重要优势深感不安，因此我尽早向内阁提出了这一问题。

　　我记得在第一次世界大战中，英、美两国政府毫无顾忌地在这片受保护的"水道"（即这片受到掩护的水域）内布雷。1917 年到 1918 年间，我们曾在从苏格兰到挪威的这片水域布设水雷封锁线，但只要德国商船和潜艇沿着封锁线边缘行驶，便可安然无恙，水雷就无法充分发挥作用。我发现两个协约国舰队都未曾在挪威水域布设水雷。因

---

① 　波的尼亚湾，波罗的海北部海湾，西岸为瑞典，东岸为芬兰。——译者注
② 　吕勒奥，瑞典北部港口城市，位于吕勒奥河口北岸，临波的尼亚湾。——译者注
③ 　纳尔维克位于诺尔兰省，挪威北部城市。——译者注

为两国的海军上将都抱怨说，布设水雷封锁线要花费大量的人力和财力，况且如果不封锁走廊，这一切都将毫无用处。因此，各协约国政府都向挪威施压，动用外交和经济手段，威胁挪威主动封锁这片水域。布设如此大规模的水雷封锁线需要很长时间，但等到这项任务完成后，人们对战争的结局以及德国已无力入侵斯堪的纳维亚半岛的推测已不再抱有怀疑的态度了。而挪威政府直到 1918 年 9 月末才同意开始行动。但在布雷工作完成前，战争已接近尾声。

1940 年 4 月，当我最终将这一问题提交给下议院时，我说：

在第一次世界大战中，我们与美国协同作战时，德国利用这条被掩护的航道，派出潜艇前往外海进行劫掠，协约国认为自己深受其害，因此英、法、美三国政府联合劝说挪威在其领海内布设水雷，防止德国潜艇泛滥横行。因此，自这次大战起，海军部自然就应该提醒政府引以为鉴。尽管这次的形势与第一次世界大战时有所不同，但这仍然是一个值得考虑的前车之鉴，同时海军部还竭力主张允许我方在挪威领海布设我们的水雷区，以控制水上交通。这样出入于这条航道的德国船只只能被迫驶入公海，要么是冒险接受战时禁运品的管制，要么就有可能成为战利品，被我方封锁舰队和小型舰船俘获。英国政府一直犹豫不决，不愿受到谴责，这是理所应当的，也并无不妥。

当然，他们花了很长时间才做出一个决定。

一开始，大家都赞同我的提议。所有同僚都对以上弊端印象深刻，但我们也尊重小国的中立立场，这是我们一贯遵守的准则。

海军大臣致第一海务大臣及其他人员：

关于停止从挪威纳尔维克运输瑞典铁矿石一事，今早，我提醒内阁要注意其重要性，一旦波的尼亚湾冰封，此事就

迫在眉睫。我提出，我们曾于 1918 年在挪威领海的三英里范围内布设了水雷区，当时也得到了美国的同意与协助。我建议我们应当立即采取同样的措施。（这一点正如上文所说，不是一个准确的说明，而我不久后就收到了有关实际情况的汇报。）包括外交大臣在内的内阁似乎都赞成这一行动。

因此，我们有必要做好一切准备。

1. 首先必须与挪威谈判，租借他们的船只。

2. 因为我们十分不愿与瑞典人发生争执，贸易部应当与瑞典协商购买相关矿石的事宜。

3. 应当让外交部了解我们的方案，对于 1918 年英美联合行动的来龙去脉，必须挑选时机，谨慎提出，同时还应做出合理的解释。

4. 海军参谋部的相关人员应当仔细研究这次布雷行动。如有必要，通知经济作战部。

请及时告诉我此项计划的进展情况，这对打击敌军的战争工业至关重要。

等到一切准备就绪后，内阁将做出最后决定。

1939 年 9 月 19 日

29 日，经海军部仔细研究了整个问题后，我应同僚之邀就这一问题以及相关的租借中立国家船只一事，起草了一份报告呈交至内阁。

挪威和瑞典

1. 租借挪威的船只

挪威代表团即将到访，贸易大臣希望在几天之内与他们商讨，打算租借他们所有剩余的可用船只，其中大部分为油轮。

海军部认为租借这些船只至关重要，查特菲尔德勋爵极力敦促此事，甚至还写了书面意见。

2. 从纳尔维克到德国的铁矿石运输

到 11 月末，波的尼亚湾通常都会冰冻封港，所以德国只能通过波罗的海的乌克瑟勒松德或挪威北部的纳尔维克运输瑞典的铁矿石。德国从乌克瑟勒松德输出的瑞典铁矿石只能占其所需总量的五分之一。一般情况下，在冬季，主要贸易都在纳尔维克进行，船只可以从该处出发沿挪威西海岸航行，除斯卡格拉克海峡①外，途中无须离开挪威领海便可直接到达德国。

我们必须明白瑞典铁矿石源源不断的供应对德国至关重要，如果我们能够在冬季（即 10 月到次年 4 月末）拦截或阻止来自纳尔维克的铁矿石供应，就能极大削弱敌军的抵抗力。战争伊始的前三周，由于船员不愿出海及其他不可控的外力因素，从纳尔维克运出铁矿石的运输船的数目为零。这种情况大快人心，如果能够持续下去，海军部便不必下达采取特别行动的命令。此外，我们正在与瑞典政府协商，也许能够大大减少斯堪的纳维亚半岛输送到德国的铁矿石的数量。

但如果重新开始从纳尔维克向德国提供铁矿石，那我们便需要采取更为严厉的行动。

3. 与瑞典的关系

我们需要慎重考虑与瑞典的关系。德国威胁瑞典。而制海权是我们强大的武器，如有必要，我们可以提出要求以控制瑞典。虽然如此，但是根据第 2 节所述政策的部分内容，我们应尽可能地帮助瑞典处理铁矿石问题，用我们的煤矿来交换他们的铁矿石。下一步行动是，如果这还不够，我们可以通过其他途径对其进行部分补偿。

4. 所有可用的中立国船只的租赁与保险问题

---

① 斯卡格拉克海峡，位于日德兰半岛和挪威南端、瑞典西南端之间，是北海的一部分。——译者注

　　基于以上种种考虑，我们提出了一个更为全面的建议。我们难道不可以通过租赁或者其他方式，确保控制包括挪威在内的所有中立国的可用船只吗？这样，盟国便可掌握世界上大部分的海运，并在有利可图的条件下，将其转租给那些按照我们的意愿行事的国家。

　　我们是否应当将我们护航制度的优越条件，也用在那些不受我们直接控制的中立国家的船只上？

　　截至目前，从皇家海军抵御德国潜艇袭击所取得的进展来看，海军部认为这足以证明应当采取新的措施。这就意味着，经过我国航线的船只只要遵守我方关于禁运品的规定，并用外币形式缴纳一定的酬金，我们就应当为其护航。因此，这些船只可以通过签署合约避免战争危险，我们就有希望从护航反潜战中获利，以平衡其巨额花销。所以在公海上，无论是我方船只、受我方控制的船只还是独立的中立国船只，都可以得到英国的护航，如遇意外，还可获赔。海军部认为这并非我们能力范围之外的事。在第一次世界大战伊始，如果我们采取类似措施，租赁中立国家的船只并为其提供保险，毫无疑问早已能证明这是一种大有裨益的交易。通过这次战争，它很有可能成为"自由航海国家联盟"的雏形，参加该联盟的成员国将受益良多。

　　5. 因此，我们要询问内阁，他们原则上是否赞成以上四个做法？如果是，就应把这些问题重新移交至相关部门，制订出详细计划，以便迅速展开行动。

1939 年 9 月 29 日

　　在将这个报告呈交至内阁讨论之前，我要求海军参谋部对整个事态再进行一次彻底的复核。

海军大臣致海军助理参谋长：

我们曾经在周四讨论过有关铁矿石的问题，请在明天早晨的内阁会议上，就有关铁矿石的问题再进行一次讨论，并对我提出的报告草案进行考虑。我向内阁提出了有关对中立国家应采取强硬措施的要求，但除非结果如我们所愿，否则我的提议只能是徒劳无功。

我听说，目前并没有任何德国或瑞典船只准备从纳尔维克南下运输铁矿石，又听说为了预防冬季港口冰封，德国已通过海运在乌克瑟勒松德储存了大量铁矿石，以备冬季经基尔运河源源不断地从波罗的海运达鲁尔。以上两种说法是否可信？要证实这两种说法是因为如果我们在挪威领海布设了水雷却又无用武之地，那将会令人懊恼。

其次，假设挪威西海岸的铁矿石运输的确至关重要，确实需要努力加以拦截，那么你准备在什么地点进行拦截？

请你仔细勘察海岸地形，并告诉我具体哪个地方适合拦截。显而易见，拦截地点无论如何应该在卑尔根以北，因为这样一来，挪威西海岸的南部地区仍旧可以自由出入，那么任何从挪威或者波罗的海来的船只仍可加入挪威商船队前往我国。在向内阁正式提出该建议前，所有这些提议还有待于进一步的考察和探讨。我打算在下周一或周二向内阁呈交报告。

1939 年 9 月 29 日

等到海军部通过了我的提议和解决方案后，我再一次向内阁提出了这个问题。同以前一样，大家对于需要拦截敌人都有同感，但我还是没有获得他们对于行动的支持。外交部的理由很充分，我们要尊重中立国家的立场，因此我的提议未能通过。正如以后所见，我后来一直通过各种方式在各种场合表达我的观点。然而，直到 1940 年 4 月，我在 1939 年 9 月提出的建议才被采纳，但为时已晚。

＊　　＊　　＊

现在我们知道，当时德国几乎就在同一时间也注意到了这一点。10月3日，德国海军参谋长雷德尔向希特勒提出了"在挪威争取基地"的建议。他要求："关于海军作战参谋部将作战基地延伸至北欧的可行性意见，要尽快告诉元首。我们必须确认在苏、德两国联合施压的情况下，是否可以在挪威取得基地以提高我们在战略上和行动上的地位。"因此，他草拟了一系列的报告，准备在10月10日送交希特勒。在这些报告中他写道："我强调了如果英国占领挪威会对我们造成的不利影响：英国将控制进入波罗的海的各个入口，对我们的海上行动以及空袭英国形成包围之势，并终止我们对瑞典的施压。同时，我也强调了占领挪威海岸对我们的有利影响：我们将控制通往北大西洋的各个出口，使英国无法再像1917年到1918年那样布设水雷封锁线。元首立刻就意识到了挪威问题的严重性，让我把报告留下，说想要一个人好好考虑一下。"

罗森堡是纳粹党的外交事务专家，领导着一个特别机构，负责在国外的宣传工作。他与雷德尔的意见不谋而合，梦想能够改变斯堪的纳维亚人的观念，使他们能够接受北欧集团的观点，其中包括所有北欧民族都必须接受德国人领导的观点，并认为这是一件天经地义的事。早在1939年初，罗森堡就已经发现，由挪威前陆军部长维德孔·吉斯林所领导的极端民族党可以加以利用，于是他们建立了联系。吉斯林的活动与德国海军参谋部作战计划的联系，就是通过罗森堡的组织和德国驻奥斯陆的海军人员建立起来的。

12月14日，吉斯林和他的助手哈格林来到柏林，由雷德尔引荐给了希特勒，商讨在挪威发动政变的问题。吉斯林事先准备好了一个详尽的计划。希特勒为了掩人耳目，表面上假装不是十分情愿表明态度支持吉斯林，表示自己更希望斯堪的纳维亚半岛保持中立。但雷德尔却说，就在那一天，希特勒向最高统帅部下达命令，为挪威作战行动做准备。

当然，关于所有这些情况，我们当时都毫不知情。

＊　　　＊　　　＊

同时，斯堪的纳维亚半岛爆发了一场出人意料的冲突，在英、法两国掀起了轩然大波，极大影响了两国有关挪威的讨论。自从德国卷入与英、法两国的战争中，苏联便依照与德国签定的条约，开始阻拦从西方进入苏联的三条通道。第一条是从东普鲁士途经波罗的海诸国进入苏联；第二条是横穿芬兰湾水域进入苏联；第三条是穿过芬兰国土，经过卡累利阿地峡到达离列宁格勒郊区仅二十英里的苏芬边境进入苏联。苏联人民不会忘记 1919 年列宁格勒所经历过的危险。甚至高尔察克白俄政府也曾通知巴黎和会，声称波罗的海诸国的基地以及芬兰都是保护苏联首都所必需的地方，斯大林在 1939 年夏对英、法代表团也说过同样的话。前文提过，这些弱小的中立国家天生的恐惧心理是如何阻碍了英法与苏联结盟，又是如何为《莫洛托夫—里宾特洛甫条约》铺平了道路。

斯大林趁热打铁。9 月 24 日，他邀请爱沙尼亚外交部部长前往莫斯科。四天后，爱沙尼亚政府就与苏联签署了互助条约，规定苏联有权驻守在爱沙尼亚的重要基地。10 月 21 日，苏联陆军和空军就已经前去驻守了。拉脱维亚很快也与苏联签订了同样的条约，苏联也派遣了军队前往立陶宛。所以，苏联的武装力量很快便阻断了进入列宁格勒的南线和半个芬兰湾的路线，以防德国的狼子野心。如此一来，只剩穿过芬兰这一条到达苏联的路线了。

巴锡基维先生是芬兰的政治家，曾参与签订 1921 年苏芬和约，他在 10 月初出访了莫斯科。苏联要求芬兰从卡累利阿地峡的边境线后退，以保证列宁格勒免受敌军炮火的袭击；要求芬兰割让芬兰湾内的若干岛屿；租借巴伦支海上的雷巴奇半岛和芬兰在北冰洋内唯一的不冻港佩特萨莫；更有甚者，要求租借芬兰湾入口处的汉科港，作为苏联的海空基地。芬兰已经做好准备，对以上要求，除最后一项外，全部妥协让步，因为最后一项涉及芬兰湾的关键区域，若它落入苏联手中，芬兰的战略安全及国家安全将不复存在。11月13日，苏芬谈判破裂，芬兰政府开始动员并加强驻守在卡累利阿前线的兵力。11月28日，莫洛托夫宣布《苏芬互不侵犯协定》无效。两天后，苏军沿着芬兰数千英里的边境线从八个地点发起袭击，同日清晨，苏军空袭了芬兰首都赫尔辛基。

一开始，苏军进攻的主力集中在芬兰边境卡累利阿地峡的防御工事。这个防御工事是一个由北向南纵深约二十英里的丛林防御工事，积雪甚厚。该防御工事以芬兰总司令曼纳海姆的名字命名，被称为"曼纳海姆防线"。苏联参战的官兵几乎全部都是从列宁格勒驻军中抽调过来的，但在战争伊始的数周内，苏军战果全无。而芬兰军队的总兵力仅二十万左右，却战绩斐然。苏联坦克不仅遭到了芬兰军队的英勇抵抗，还遭到了一种不久之后被称为"莫洛托夫鸡尾酒"的新式手雷的袭击。

苏联政府也许打算一举获胜，一开始他们并未对赫尔辛基及其他地区发动大规模袭击，只是想制造恐慌。所以他们派遣的军队数量虽远胜芬兰，但实力却不强，缺乏训练。而芬兰人民却因为苏联的空袭和入侵领土而众志成城，不惜动用一切战术，誓死赶走侵略者。奉命进攻贝柴摩的苏联兵团确实不费吹灰之力便击溃了驻守在那里的七百名芬兰士兵，但苏军进攻芬兰边界中部的"腰部地带"时却损失惨重。那里松树丛生，地势平缓，积雪有一英尺厚。面对如此酷寒的环境，芬兰军队备有雪橇和御寒衣物，而苏军却两者皆无。此外，芬兰士兵个个骁勇善战，都曾受过侦察和森林作战的高强度训练，而苏军依靠自己庞大的人数和重型武器，结果却徒劳无功。在整条前线上，芬兰边境的哨兵慢慢从公路上撤退，苏联纵队紧随其后。深入大约三十英里后，苏军遭到芬兰军队的袭击，前面的去路被芬兰在森林中修筑的防线所阻挡，左右侧翼日夜不断受到猛烈进攻，后方的交通又被芬兰军队切断，整个苏军纵队四分五裂。如果苏军幸运的话，也只能损失惨重地原路返回。到了 12 月末，苏联冲破芬兰"腰部地带"的计划就此破产。

　　同时，苏联对卡累利阿地峡的曼纳海姆防线发起的袭击也失利了。苏联大约有两个师准备在拉多加湖北部进行包抄，但最终却遭遇了与其北部的行动类似的命运。从 12 月初开始，苏联就派出了近十二个师，持续对曼纳海姆防线发起大规模袭击，一直打了整整一个月。苏联大炮的轰炸效果不明显，坦克也多为轻型坦克。连连发起的正面进攻都被芬兰击溃，损失惨重，一无所获。当年年底，整个前线的溃败使苏联认识到他们这次的对手与他们之前所料想的相去甚远。他们打算拼尽全力，再努力一次。苏军意识到面对作战有方、训练有素的芬兰军队，他们无法仅凭数量优势在北方的森林中打败对方，所以打算采用围攻战，集中力量突破曼纳海姆防线，这样一来，大量的重炮以及重型坦克就能派上用场。由于这需要进行大规模的准备，超出了苏军的能力，因此当年年底，整个芬兰前线的战火逐渐平息，芬兰人民取得了胜利，击溃了强大的敌军。这个出人意料的结果获得了全世界，包括交战国和中立国在内所有国家的认可和满意。这场败仗对苏军来说是一次名誉扫地的广告宣传。在英国，很多人暗自庆幸当时没有铤而走险将苏联纳入我方阵营，并为自己的先见之明洋洋得意。然而我们还是过于草率地下了定论，认为这是因为苏联的清党运动对军队伤害极大所造成的。持有此种观点的不仅仅是英国。毫无疑问，希特勒及其将领对苏联在芬兰一战中所暴露出来的问题也做了深刻分析，这对德国元首的思想产生了重要的影响。

　　尽管世界大战已然打响，各国的战争物资都十分紧缺，但人们仍迫切希望芬兰能得到英、美，特别是法国志愿兵的帮助，获得飞机和其他宝贵的战争物资。不过无论是军火补给或是志愿兵支援，都只能通过一条路线进入芬兰。纳尔维克的铁矿石港和翻越纳尔维克的山脉通往瑞典铁矿的铁路，是一条情感价值大于战略价值的路线。因为作为芬兰军队的补给线，它影响了挪威、瑞典两国的中立态度。尽管周边战火纷飞，但挪威、瑞典忌惮德、苏两国，一心只想远离这场战争，

尽量避免卷入其中。在它们看来，保持中立似乎是唯一的生机。尽管英国政府不愿意因为对付德国而侵犯挪威海域，即使只是像在挪威领海的水道布设水雷这样的技术问题，但在世界各国支持芬兰的热烈情绪的感染下我方仍向挪威和瑞典提出了一个很严肃的请求，希望能够借两国水道向芬兰自由输入人员和补给。

我十分同情芬兰人民，支持所有向芬兰提供援助的提议；我也赞成借用这种有利的新形势来谋划重大战略优势，切断对德国的铁矿石输出。如果纳尔维克在某种程度上能够成为盟国基地，向芬兰提供援助，那么毫无疑问，我们便可轻而易举地阻止德国船只在港口装载铁矿石，阻止德国船只安全驶过水道回国。不管使用什么借口，只要挪威和瑞典的抗议能够压制住，大小问题都将迎刃而解。与此同时，我方海军部非常关注苏联实力不俗的大型破冰船的动态，它从摩尔曼斯克出发前往德国，表面上是为了修理，实则更有可能是前往冰封的波罗的海打开吕勒奥港，方便德国船只运输铁矿石。因此，我再次争取大家的同意，像第一次世界大战时一样，采取在水道布雷这种简便而又安全的措施。鉴于这一问题已经引起了道义争论，我认为在经过长时间的思考和讨论后，我应当把最终的结果提出来。

挪威——铁矿石运输

1. 有效阻止挪威向德国输出铁矿石是战争中的一项主要攻势。为了减少战争中的浪费与损失，为了防止因主力军队交战而造成的大屠杀，我们只能采取行动，况且在接下来的数月，我们都不可能得到更好的机会。

2. 从现在开始到明年 5 月，问题不仅仅在于阻止德国获得近百万吨铁矿石，而是要彻底切断德国的整个冬季供应，使其仅能通过吕勒奥港或其他波罗的海的不冻港，得到为数不多的物资。如此一来，德国便会在夏季来临之前经历一场物资紧缺的危机。但问题是当波的尼亚湾解冻时，德国可再次通过吕勒奥获得充足的补给。显而易见，德国不仅计划在冬季尽可能多地获取供应，还计划在 1940 年 5 月 1 日到 12 月 15 日期间备齐所需的九百五十万吨或更多的铁矿石。此后，德国可能期望借用苏联的物资进行长期作战。

3. 如果到了明年 5 月，德国工业以及军事所需的铁矿石大量短缺，那么阻止德国重开吕勒奥港将可能成为我们重要的作战目标。方法之一就是由英国潜艇在吕勒奥港外布设水雷（包括磁性水雷），建立一个公开的水雷区。除此之外还有其他方法。如果从现在开始到 1940 年末，能切断所有德国从瑞典获得的铁矿石供应，那么这对德国的作战能力将会造成严重打击，相当于一次对德陆战或空战的大获全胜，且未损失一兵一卒。事实上，切断德国的铁矿石供应很有可能对局势产生决定性的影响。

4. 战争中发生的每一次袭击都会招来反击。如果向敌军开火，对方势必还击。因此，我们要十分关注德国有可能采取的反击，或挪威和瑞典被迫采取的反击措施。至于挪威，有三起相互关联的事件：第一，德国曾无视规定，残暴无情地侵犯了挪威的领海，在毫无预警的情况下去沉了大量英国以及中立国家的船只，击沉之后还拒绝救助遇险人员。对此，我方决定布设上文所提到的水雷区来回应德国的行为。第二，挪威曾与我方达成了一系列租借油船以及其他船只的重要协议。有人提出，挪威可能会取消这些协议以示抗议。但这样一来，挪威也就失去了与我方签约所获得的利益。由于我方还设立了战时禁用品管制规定，挪威留下的这些拒绝租借的船只，对他们来说也会变得毫无用处。由于无处可用，船主将陷入贫困。如果挪威政府采取这种措施，将不符合挪威人民的利益，而利益又是极其重要的影响因素。第三，如果挪威试图报复我们，停止向我方输送铝及其他对空军部和供应部极为重要的战争物资，这同样会伤害他们自身的利益。因为挪威不仅将失去这场交易带给它的宝贵利益，还会迫使英国停止向其供应矾土及其他不可或缺的原材料，这样一来，以奥斯陆和卑尔根为中心的整个挪威工业将停滞不前。总而言之，如果挪威想报复我们，他们的工业和经济将遭到毁灭性打击。

5. 挪威人同情我们的遭遇，况且它日后要挣脱德国的桎梏取得独立也要依靠盟国的胜利。所以除非德国使用暴力手段强迫挪威，挪威才有可能采取上文所提到的反击措施或借此威胁我们，否则这些假设均不成立。

6. 如果德国认为武力控制斯堪的纳维亚半岛是其利益所在，那么无论如何，不管我们采取什么措施，德国还是会对挪威使用武力。这样一来，战火便将蔓延至挪威以及瑞典，因为我们拥有制海权，英、法两国军队没有理由不在斯堪的纳维亚半岛上与德国军队交锋。无论如何，我们可以任意选择占领并控制挪威沿海的任何岛屿或适当地点。那么，我们在北方对德国的拦截将万无一失。例如，我们可以占领纳尔维克和卑尔根，只供我方贸易使用，同时完全切断德国与别国的贸易往来。必须着重强调的是，英国控制挪威海岸线是个极具战略意义的行动。即使实施这些措施会激起德国不择手段地报复，我们的形势也不会因此而变得更糟。反之，如果德国袭击挪威或者瑞典，对我们而言是利大于弊。对此，我可以在后文必要时加以详细说明。

我们应该设法通过纳尔维克从瑞典获得大量源源不断的铁矿石供应，同时切断所有德国的铁矿石供应。我们必须以此作为目标。

我对其总结如下：

7. 我们必须考虑如果对挪威采取行动，对世界舆论以及对我们自身的声誉将产生什么影响。为了援助饱受德国侵犯

之苦的受害国，我们在遵守国际联盟盟约的前提下奋起作战。只要我们的所作所为不违反人道主义精神，那么就算我们在技术上违反了国际法，我们也不会失去中立国家对我们的好感。对于最大的中立国美国，这也不会造成任何影响。我们有理由相信，他们会用最适合的方式来处理这些问题，他们是足智多谋的。

8. 良知才是我们最终的裁决。我们作战是为了重建法制，维护弱小国家的自由。如果我们战败，那么世界将进入一个野蛮暴力的时代，不仅我们自身难保，就连欧洲所有小国的独立都将受到致命威胁。作为国际联盟及其代理人的受托国，我们以国际联盟盟约的名义发起行动，有权摆脱需要夯实和重新确认的法律中的相关惯例的约束，这也是我们不可推卸的义务。我们应该放开手脚，为了小国的权利和自由而奋斗。我们是法律的保护者和执行者，在紧要关头，我们不能受相关法律条文的束缚。如果一方面侵略国撕毁所有法律条文为自己谋利，而另一方面却凭借其对手对法律的尊敬，掩护自己，并从中获益，这既不正当也不合理。我们行事不应该只是合乎法律，更应该考虑将人道主义精神作为我们行事的指南。

这一切将交由历史审判。目前我们需要面对的是当下的局势。

1939 年 12 月 16 日

＊　　　＊　　　＊

内阁在 12 月 22 日讨论了我的备忘录，我竭尽全力为我的想法做了辩护。但我无法获知任何关于行动的决定。就德国随意出入挪威领海一事，我们可以向挪威提出外交抗议。参谋长委员会奉命研究在斯堪的纳维亚半岛未来可能承担的义务及其产生的军事意义。他们得到

授权制订计划，组织部队登陆纳尔维克以援助芬兰，并研究德国占领挪威南部可能造成的军事影响。但是海军部没有得到任何执行行动的命令。我在 12 月 24 日给大家传阅的一份文件中，总结了情报机关的报告，指出了苏联有可能对挪威施展的阴谋。据说苏联在摩尔曼斯克集结了三个师，计划进行一次海上远征。我总结道："也许，这个战场会成为展开早期活动的舞台。"后来证明这个说法完全正确，但是却来自另外一个不同的方面。

第二章

TWO

一个黑暗的新年

昏睡状态的继续——"凯瑟琳"计划的最后阶段——同苏联关系恶化——墨索里尼的疑惑——霍尔·贝利沙先生离开陆军部——行动的种种障碍——5月的成果——截获德国进攻比利时的计划——英国远征军的工作与壮大——法国陆军的衰退——"阿尔特马克"号事件——救出英国俘虏——张伯伦的有效辩护——先攻挪威，后攻法国——德国空袭我国东部沿海航线——反空袭措施——关于海军预算的演说

1939年末，战争仍然处于难以揣测的暧昧状态。只有偶尔传来的大炮和侦察机的声音，打破了西线的平静。双方军队在越建越高的防御工事后面，隔着一个双方认定的"无人区"遥遥相望。

我在圣诞节写了封信给庞德：

当下的情况与1914年末颇有相似之处。从和平到战争的过渡已然完成。暂时来看，外海的敌军舰队已全部肃清。法国境内的防线按兵不动。此外，我们还击溃了敌人的首次潜艇袭击，而在上一次的大战中，潜艇战是在1915年2月才开始发动；同时我们还找到了对付新型磁性水雷的方法。法国这次沿着整个边境都设置了防线，而不是像上次大战一样，六七个省份以及比利时都落入了敌军手中。因此，我认为和1914年相比，我们现在的情况要好得多。同时我还有这种感觉（以下观点可随时纠正），相比纳粹德国，德皇时代的德意志帝国更加难以对付。

现在，我越来越相信在 1940 年执行"凯瑟琳"计划是不可能的了。

我在 1 月 6 日再次写信给庞德：

虽然派遣一支优秀舰队进入波罗的海合乎情理，但此举对于占领铁矿区并非十分必要，因此，我们仍应继续派遣舰队，竭尽全力进入波罗的海。但是除非我们能够在空袭时保全舰队，否则不得轻易尝试，以免酿成大错。但如果想依赖舰队来夺取铁矿区，则更是错上加错。让我们满怀信心，拭目以待，看看随着事态的发展，海军方面将做何决定。

然后又过了一周：

丘吉尔致第一海务大臣：

1. 关于你送来的回复"凯瑟琳"计划的各种报告，我已经仔细做了研读。我认为今年将无法实施我们在秋季制订的计划，关于这一点我十分不情愿但又非常明确。我们至今尚未完全具备掌控潜艇、水雷、袭击舰的能力，因此不能为了需要它们执行的特别任务，而将许多小型舰船派出去。另外在应对空袭这个问题上，我方舰船还没有找到确保自身安全的办法。俯冲轰炸机仍旧是一大致命威胁。虽然我们的火箭（保密起见，我们称之为"U. P. 武器"，即"非旋转投射弹"）已经迅速进入了生产阶段，但即便一切顺利，在接下来的数月内，我们还是要面临数量上远远供不应求的状况。目前，我们尚无能力为我方大型舰船增加额外的装甲保护。波罗的海地区的政治形势让人捉摸不透。但我们在海上遇到的抵抗将因为 9 月"俾斯麦"号的到达而大大增强。

2. 1941 年的战况很有可能变得更加激烈，无人知晓届时

形势将如何变化。因此，我希望只要条件允许，所有在你的表格中标了"有利"的各种舰船以及辅助舰的筹备工作都应继续进行。此外我还希望，当舰船抵达船坞进行修理或改装时，我们应该竭尽全力，以免延误它们归队服役。就苏联的态度而言，我们应当谨慎，继续敦促我们的驱逐舰为冬季的海上战斗做好准备。我很高兴我们的观点不谋而合。

1940 年 1 月 15 日

＊　　＊　　＊

目前，尚未有盟国支持我方的事业。美国的态度前所未有的冷淡。我坚持与美国总统保持书信往来，但鲜有回音。我们的美元储备日趋减少，财政大臣为此颇有微词。我方已和土耳其签署互助条约。虽然目前财力吃紧，但我们正在考虑如何向土耳其提供援助。对于意大利，我们依然以礼相待，开出有利的合约试图拉拢他们，但对于两国能否建立友谊我们并无把握，此事也毫无进展。意大利外交部长齐亚诺伯爵对我国大使很友好，墨索里尼则冷眼旁观。

然而，这位意大利独裁者也有自己的忧虑。他在 1 月 3 日写信向希特勒袒露心声，表达了他对德、苏两国签订协议的不满：

我执政已有四十年之久，政策（特别是革命政策）有其自身的策略需求，这点我是最清楚不过的。1924 年，我承认了苏联。1934 年，我曾与苏方签署友好通商条约。里宾特洛甫曾经做出过英、法不会采取干涉政策的预言，但最终未能实现。因此，我明白您不得不避免开辟第二战场。您必须为此付出代价，因为苏联在与波兰和波罗的海国家的战争中毫发无伤便获得了巨大的利益。

但我是一个与生俱来便具有革命思想的人，而且我的革命精神至死不变，我要告诉您的是，永远都不要因为一时的

战略需要而彻底舍弃您的革命原则。另外，我有责任告诉您，如果进一步深化德国与莫斯科的关系将在意大利引发严重的后果，希望不会发生这种事情。您应该到苏联去解决生存空间问题，而不是在其他国家。接下来轮到的便是各大民主国家，这些国家身患绝症，病入膏肓，必将无力回天。

＊　＊　＊

我于1月6日再次出访法国，向法国最高统帅部就我的两项机械设计"六号耕地机"以及"浅水鱼雷"作出说明。早上动身前，首相把我召去告诉我，他决定对陆军部的人事做出调整，让奥利弗·斯坦利接替霍尔·贝利沙的职位。当天夜里，霍尔·贝利沙先生打电话到巴黎大使馆告诉我此事，但这事我早已知晓。我极力劝说霍尔在可选的职位中接手一官半职，然而未果。举国上下几乎所有的新闻都一致认为霍尔·贝利沙是一位有能力而又积极做事的人才。此时政府本身就不景气，因此，霍尔·贝利沙离开陆军部肯定是一个损失。然而议会对报纸的议论置若罔闻，事实上，还经常反其道而行之。一周后，下议院召开会议，会上霍尔·贝利沙先生的支持者寥寥无几，因此，霍尔·贝利沙在报纸对他的一致赞扬声中辞去了陆军部的职务。他并没有发表任何声明。1月10日，我写信给霍尔·贝利沙先生：

> 我非常遗憾，我们的共事之谊还没多久便要告一段落。第一次世界大战时，我有过与您一样的遭遇，所以我深知这对一个全心工作的人来说有多么痛苦和伤心。此次的人事调整我并未参与，我也是在一切决定之后才收到通知。同时，我可以坦白告诉您，在我看来，您如果能在贸易部或新闻部任职是最合适不过了，但您不愿接受这些重要部门的首要职务，对此，我深表遗憾。
>
> 您在任职于陆军部期间立下了汗马功劳，即在和平时期

通过了《征兵法》。您在这一点上可以感到欣慰。我希望不久之后能有幸再与您共事，更希望您明白这次的挫折不会成为您日后为国家效力的阻碍。

然而我的心愿始终未能实现，直到 1945 年 5 月联合政府解散，我在组建所谓"看守政府"① 时才邀请到霍尔·贝利沙先生出任国民保险部大臣一职。他在离职期间曾猛烈抨击过我们的政策。但无论如何，我非常高兴我们能够再次吸收一个栋梁之材为新政府效力。

＊　　＊　　＊

整个 1 月期间，芬兰人都在坚守家园，虽然到了月底苏军人数日趋庞大，但仍受芬兰牵制，原地未动。苏军一直在对赫尔辛基以及维伊普里（今维堡）进行轰炸，芬兰政府需要飞机以及作战物资的呼声日益高涨。随着北极夜晚的缩短，苏联必然会加强空袭力量，空袭的目标除了芬兰城镇以外，还有芬兰军队的交通线。目前，芬兰得到的支援只有来自斯堪的纳维亚半岛国家的少量战争物资和几千名志愿军。1 月，伦敦成立了征兵机构，向芬兰运了几十架英国飞机，一部分直接从英国飞往芬兰。事实上，这一切都徒劳无功。

关于纳尔维克的部署将无限期推迟。虽然内阁准备向挪威、瑞典方面施加压力，要求它们允许援助物资通过两国境内送往芬兰，但对于相对容易地在水道布设水雷的行动，内阁却始终持反对态度。这两个行动，前者是高尚之举，而后者是战略需求。而且不难看出，挪威、瑞典拒绝为援助芬兰提供便利，所以整个计划无果而终。

一次内阁会议结束后，我思虑万千，提笔写了封信给我的一位同僚：

---

① 又称"看守内阁"或者"过渡内阁"，指以内阁制为基本国体的国家，在议会通过对内阁（即政府）的不信任案后，在新内阁产生之前的一段时间里，临时负责处理国家政务的过渡性政府。——译者注

我内心十分焦躁，主要是因为指挥作战的机构极大地阻碍了我方积极开展行动。看到阻碍我们行动的势力已经或正在筑起一道道高墙，我不禁怀疑我们是否有能力跨过它们。我们此次就纳尔维克行动展开了为期七周的讨论，只要听听会上的种种议论声，便可略知一二。第一，供应部、贸易部等经济部门持反对意见。第二，联合计划委员会持反对意见。第三，三军参谋长委员会持反对意见。第四，"切勿因小失大"的论调，简直是别有用心，其实当时实现更大计划的机会微乎其微。第五，来自法律和道德层面的反对，这些反对意见后来渐渐平息。第六，以美国为主的中立国的态度。但请看看美国对我们的行动做出了多么积极的反应。第七，内阁内部众说纷纭，各执一词。第八，当这一切顺利解决后，还要与法国进行协商。最后，还必须使各自治领在观念上与我们保持一致，因为他们未能参加我们国内讨论的全过程。所有这一切都使我感到，从当前的部署来看，我们只能坐以待毙，等待敌人的可怕袭击。对于这种袭击，我们不可能做到在各个方面同时准备就绪，因为这会造成我方力量致命的消耗。

　　我有两三个计划正在进行中，但是我担心在强大的消极言论和反对力量面前，所有计划都会化为泡影。因此，请您谅解我流露出来的苦恼之情。但有一件事情毋庸置疑，即选择阻力最小的路线绝对无法赢得胜利。

　　因为荷兰、比利时和卢森堡这三个低地国家正在受到威胁，所以纳尔维克的事只能暂时搁置一边。如果威胁成为现实，我们对形势的研究就必须要考虑到新情况。如果低地国家发生大战，那么挪威、瑞典两国将会受到决定性的影响。即使战争最终陷入僵局，它们也许会感到比以前更自由，而对我们来说，也许更加需要的是转移我们的目标。

1940 年 1 月 15 日

＊　　　＊　　　＊

另外还存在诸多令人不安的因素。将工业改造为适合战时生产一事还未达到所需的速度。1 月 27 日，我在曼彻斯特发表演讲，强调了增加劳动力的重要性，积极呼吁招收女工投入工业生产，以填补男性由于征兵入伍而造成的岗位空缺，这对增强我国实力意义重大：

> 我们必须扩大劳动力规模，尤其是要招收一些能够从事熟练或半熟练操作的技术工人。这里，我希望工党同僚和工会领导能够给予援助和引导。作为一个曾在军需部鼎盛之际担任部长的人，我认为我可以以内行人的身份就此事发表一些自己的看法。我们不仅需要数百万新工人，还需要至少一百万大胆的妇女加入炮弹生产工厂和飞机制造工厂等军工产业。如果不增加劳工数量、不满足英国妇女投入战斗的愿望，那么我们将无法承担起英法合作事业中我方所应该担负的那部分责任。

然而，目前此事几乎毫无进展，人们似乎没有感觉到局势的紧张。无论是工人，还是生产管理人员，或军事人员，大家的态度都不甚明朗。直到 5 月初，内阁收到了一份关于工程、动力以及飞机工业集团雇佣情况的调查报告，其中反映的事实不容争辩。由林德曼教授牵头，由我负责的统计部对这份报告进行了研究。尽管我因为当时挪威的喧嚣骚动而有些分心和激动，但我仍然抽出时间将以下备忘录给我的同僚传阅：

海军大臣的备忘录

报告显示至少在基本工业集团方面，我们还尚未组织人员从事军火生产。

根据之前的报告预估，在战争开始的第一年，我们需要大大扩充人员规模，其中金属工业有百分之七十一点五的人员增长。事实上，调查提到过，工程、动力以及飞机集团的从业人数占到金属工业的五分之三，然而在 1939 年 6 月到 1940 年 4 月之间，从业人数仅仅增加了百分之十一点一（十二万二千人），远远达不到要求的六分之一。1936 年到 1937 年期间，政府并未做任何干预，仅仅因为贸易情况的改善，那次劳动力的增长速度便与这次一样迅猛。

　　虽然每年毕业的青年有三十五万人，但在该工业集团中，年龄在二十一岁以下的受雇男性只增加了二万五千人。此外，女性以及年轻人所占比例也只是从曾经的百分之二十六点六增加至百分之二十七点六。目前，我们在工程、动力以及飞机工业方面男女工人比例为十二比一。然而在第一次世界大战中，金属工业中男女工人比例由原先的十比一增加至三比一。第一次世界大战开始的第一年，即 1914 年 7 月至 1915 年 7 月，金属工业招收的新工人达到原有工人人数的百分之二十。这份报告的研究足以说明整个金属工业的情况，在过去的十个月里，就业人数相较之前的增幅仅为百分之十一。

　　海军部各个部门的职员人数已经增加了将近百分之二十七，由于缺乏各个部门具体的职员人数，所以此处对其不做考虑。

1940 年 5 月 4 日

＊　　　＊　　　＊

　　1 月 10 日，我们关于西线的担忧得到了证实。一位德国空军第七师的少校参谋奉命将若干文件送往科隆总部。由于私人原因想节省时间，这位少校决定飞越比利时领空。但是飞机误降在比利时，他被比利时警方逮捕，并没收了他的文件。他拼命想要销毁文件，但还没来

得及便被警方没收。这些文件如实记录了希特勒试图入侵比利时、荷兰以及法国的全部阴谋。比利时将这些文件的复印件传给了英、法政府，并释放了这位少校，让他向上级汇报此事。当我听到这一切时，我认为比利时肯定会拟订一个计划，邀请英、法两国出兵比利时，但比利时却毫无动静，简直令人难以置信。英、法、比三国，对此事议论纷纷，认为这也许是敌人的诡计，但又觉得这种诡计不太符合现实。德国人没有理由让比利时知晓它将在近期袭击比利时，因为这样做很有可能会让比利时与英、法两国联合制订计划，在某个晴朗的夜晚神不知鬼不觉地迅速进入德国，而这正是德国最不愿意看到的。因此，我认为德国已经蓄势待发了。

1月13日，海军上将凯斯来电称，如果我们同意做出某些影响深远的承诺，比利时国王可能会同意"立即"让英、法军队进驻比利时。我们理解的"立即"是立刻、马上，而不是等到德国入侵后。对此，战时内阁打算这样回复：我们不会给出任何军事联盟范围之外的承诺。此外，比利时必须立即邀请盟军进驻，这样盟军才有时间来应对德国入侵（很显然，比利时政府认为德国入侵迫在眉睫）。1月15日，海军上将凯斯发来电报称，比利时国王认为一旦将这样的回复告诉比利时政府，势必会产生非常不好的影响，且如果盟军立刻进驻比利时，比利时和荷兰也会立刻被卷入战争，因此最好还是等德国来打破比利时的中立再说。比利时政府也给了达拉第先生相似的回复。法国驻伦敦大使告诉我们，比利时政府认为等德国发动入侵后，英法联盟的帮助才会显得"更加有道义"，这样一来"胜利的可能性也更大"。

但比利时国王并没有意识到这其中的问题，反而和他的陆军参谋们坐以待毙，希望一切能够有所好转。虽然盟国和受到威胁的国家都已经看了德国少校的文件，但仍旧没有采取任何行动。然而在另一边，我们后来才知道希特勒当时召见了戈林，当希特勒知晓被截获的文件实际上就是完整的入侵计划后，暴跳如雷，马上下令准备新的作战计划。

所以显而易见，希特勒在 1940 年初已经制订了详尽的计划入侵法国，其中涉及了比利时以及荷兰。无论何时，只要德国立刻行动，就要实施甘末林将军的"D"计划，出动法国第七集团军以及英国军队。"D"计划内容十分详尽，只要一声令下便可付诸行动。虽然战争初期曾遭到英国三军参谋长委员会的反对，但在 1939 年 11 月 17 日召开的巴黎会议上却正式明确地通过了这一计划。在这种情况下，盟国静候着即将到来的袭击，而希特勒则等待着 4 月宜人的气候。

冬春时节，英国远征军极度繁忙，整顿内部事务，加强防线建设，无论是为了进攻还是为了防御，都需要为战事做好准备。全军上下齐心协力，每个人都努力工作，充分利用冬季这个机会是远征军表现不俗的主要原因。在"晦暗不明的战争"接近尾声时，英国军队的实力提高了不少，规模相较从前也有所壮大。3 月，第四十二师和第四十四师抵达法国，1940 年 4 月下旬，继续开往前线。同时，第十二师、第二十三师和第四十六师也抵达法国。这些军队奉命前往法国完成训练，并为手头上的工作补充劳动力。他们缺乏正规军队应该配备的武器与装备，也没有大炮。尽管如此，这些队伍在战争打响时还是不可避免地卷入了战争，并表现得非常出色。

现在回想当时的战前部署，英国远征军最致命的缺陷就是连一个装甲师都没有。英国本是生产各式坦克的摇篮，但在两次世界大战期间，却忽视了坦克的发展，而这种武器很快就成了战场的主宰。在宣战八个月之后，我们的小股精锐部队在战争真正来临之时，只有一个坦克旅（由十七辆轻型坦克和一百辆步兵坦克组成）。在一百辆步兵坦克中，只有二十三辆配备了两磅重的大炮，其余的只配有机关枪。另外，还有七个配有运输车辆以及轻型坦克的骑兵和义勇骑兵团，这批部队正在改编为两个轻型装甲旅。除了缺乏装甲车辆外，英国远征军实力的提高还是十分明显的。

＊　　＊　　＊

　　法国前线的进展不尽如人意。在全国大举实行征兵制的国家，人民的情绪将会相应地反映到军队之中，特别是如果军队驻扎于国内，与人民紧密联系，则更是如此。1939年到1940年，法国并未对战争抱有积极向上的态度，甚至并未抱太大信心。法国政局在过去十年动荡不安，国家分裂，人民怨声载道。

　　要培养军队的高昂士气有诸多办法，而让官兵努力做一些有趣而又实用的工作就是其中最为重要的方法之一。军队懒散是滋生危险的温床。我们整个冬季需要完成许多任务：需要继续关注训练事务；防御工事远不如人意，还尚未完工，就连马奇诺防线的辅助性野外工事也修建得不够；士兵的身体素质还有待提高。但法国前线却普遍存在一种事不关己的冷漠之风，士兵正在做的工作似乎也甚是粗糙劣质，看不到任何积极信号，这使去前线参观的人无一不感到惊讶。法国防线后方的公路上空无一人，与之形成鲜明对比的是英国后方的公路上车辆络绎不绝，绵延数英里。

　　毫无疑问，法国军队的实力在冬季有所退化也是情有可原，如果战争没有发生在第二年春季而是在前一年秋季，法军必将能够在战场上表现得更为勇猛。很快，法国军队就会被德军迅猛的袭击吓得措手不及。那次战役为期较短，法军直到最后才显示出了真实的战斗水平，保家卫国，抵御宿敌入侵。但一切都为时已晚。

＊　　＊　　＊

　　同时，德国计划直接入侵挪威，闪电夺取丹麦。凯特尔元帅于1940年1月27日就此事拟定了一份备忘录：

　　元首和全国武装部队最高统帅希望继续由我亲自指导研

究"N"计划，同时要与整体作战计划保持高度一致。基于以上原因，元首已经命我接手指导今后的准备工作。

这一行动的具体细节则通过常规渠道进行。

*　　*　　*

张伯伦首相在 2 月初要前往巴黎参加最高军事会议，他第一次邀请我与他一同前往。他还邀请我在晚饭后前往唐宁街 10 号与他会面。

2 月 5 日会谈的主要内容是援助芬兰，会上通过了各项援助计划，派遣三四个师开往挪威，以说服挪威、瑞典两国允许我们向芬兰运送补给物资和增援部队，还要取得瑞典北部耶利瓦勒①的铁矿控制权。不出所料，瑞典人对此果然不赞成，尽管我们做了许多准备工作，但整个计划仍彻底失败了。张伯伦先生作为英国的代表亲自主持会议，与会的英国各部大臣很少发表意见。会议上，我一言未发。

第二天我们再次通过海峡时，发生了一个有趣的小插曲。当发现海上漂浮着一枚水雷时，我吩咐舰长开火射击。水雷轰然爆炸，一大块水雷碎片向我们飞过来，刹那间仿佛要砸向舰桥，而这时舰桥上站满了政界和其他各界的名流。幸运的是，碎片最终落在了前甲板上，无一人伤亡。因此，这一个小插曲就这么有惊无险地过去了。此后每逢最高军事会议召开，我就会应首相之邀和其他人员一起陪同前往。但我可不想每次都发生这样的趣事。

*　　*　　*

会议决定援助芬兰是当务之急，因为如果得不到三四万训练有素

①　耶利瓦勒，瑞典北部村镇，是铁路枢纽、铁矿区中心，所产矿石由纳尔维克港（挪威）和吕勒奥出口。——译者注

的援军，芬兰将无法坚持到春季之后。会议还认为目前陆续开往芬兰的志愿军鱼龙混杂，而且人数远远不够。如果芬兰沦陷，那么对盟军来说绝对是一次挫败。因此，无论是通过贝柴摩、纳尔维克或是挪威其他港口，向芬兰派遣盟国军队一事都势在必行。通过纳尔维克派兵更为可取，因为这样能够一箭双雕（这样做既可以向芬兰派遣援军，又可以切断芬兰向德国供应铁矿石）。英国的两个师原定于2月开往法国，现在看来应该留在英国，为挪威之战做准备。同时，我们还应当不遗余力争取到挪威和瑞典的同意，如果可能，取得和他们合作的机会。有一个问题我们始终未能正面处理，那就是如果挪威和瑞典将我们拒之门外，这似乎很有可能，我们该如何处理。

现在斯堪的纳维亚半岛的局势因为发生了一个有趣的小插曲而变得尖锐起来。我之前提到过我对拦截"施佩伯爵"号辅助舰"阿尔特马克"号的担心。"阿尔特马克"号就像一个漂浮的监狱，上面关押着我方被击沉的商船上的船员。根据朗斯多夫舰长依照国际法在蒙得维的亚港释放的英国俘虏所说，"阿尔特马克"号上关押了近三百名英国商船海员。"阿尔特马克"号在南大西洋藏匿了近两个月之久，舰长原指望我方能停止海上搜索，这样它就能伺机返回德国。但由于命运女神的眷顾，再加上适宜的天气，直到2月14日，该舰在驶过冰岛和法罗群岛进入挪威水域后，才终于被我方飞机发现。

海军大臣致第一海务大臣：

我今天早上接到了一份报告，从内容来看，我们似乎应当派遣巡洋舰和驱逐舰在白天一路向北搜寻，一直到达挪威海岸，如果在挪威领海发现了"阿尔特马克"号，一定要当机立断将其拦截。因为"阿尔特马克"号要将英国战俘运往德国，这违反了中立法。是否今晚还必须再加派一两艘巡洋舰在斯卡格拉克海峡仔细搜寻？对我们来说，"阿尔特马克"号绝对是价值非凡的战利品。

1940年2月16日

按照海军部公告上的话："已经派出了一些便于调遣的皇家军舰。"在皇家海军舰艇"哥萨克"号的菲利普·维安舰长的指挥下，一艘驱逐舰发现了"阿尔特马克"号，并设法将其阻拦，但并未立即俘获。它逃入了约星峡湾躲避了起来，这里是一条长约半英里的狭窄海湾，高耸的积雪悬崖在四周林立。两艘英国驱逐舰奉命靠近"阿尔特马克"号以便登船搜查。它们在约星峡湾的入口处遇到了两艘挪威炮艇，挪威人告诉他们"阿尔特马克"号已经在前一天接受了检查，没有武装，因此已获准经挪威领海返回德国。我方驱逐舰因此撤退。

消息传到海军部之后，我得到了外交大臣的许可出面调停，派遣军舰进入约星峡湾。通常情况下，我不会直接采取行动，但是这次我给维安舰长下达了以下命令：

> 除非挪威的鱼雷艇负责护送"阿尔特马克"号前往卑尔根，否则你亲自登上"阿尔特马克"号，释放舰上俘虏，占领该舰，听候进一步指示。如果挪威鱼雷艇上前干预，那你就警告它离开。如果它向我们开火，只有形势危急时你才能还击。情况严重时才能自卫，而且还需掌握分寸，适可而止。如若对方停止攻击，我们也当立即停火。
>
> 1940 年 2 月 16 日下午 5 时 25 分

当晚，维安舰长指挥"哥萨克"号，打开探照灯，穿过浮冰，进入约星峡湾。他先登上挪威炮艇"谢尔"号，要求"阿尔特马克"号由双方联合护航，将其带往卑尔根，按照国际法进行审判。挪威舰长一再保证搜查过"阿尔特马克"号两次，船上没有武装，也未发现英国俘虏。随后，维安舰长邀请这位挪威舰长一同登船检查，但遭到拒绝。

此时"阿尔特马克"号趁机开船，企图撞击"哥萨克"号未果，自己反而身陷浅滩。"哥萨克"号从旁边逼近"阿尔特马克"号，随后，一队搜查人员开始登船。经过一番激烈的肉搏战，德国四人死亡，

五人受伤，另外除了部分船员逃到岸上，其余人员全部投降。我方随后开始搜查"阿尔特马克"号，很快便找到了几百名英国俘虏，他们有的被关押在舱内，有的被锁在储藏室，还有的甚至被装在空油桶内。这些俘虏看到搜查人员便大呼："海军来救我们了！"之后搜查人员破门而入，俘虏们得救后奔向了甲板。就此，共有二百九十九名俘虏获得释放，并转移到我方驱逐舰上。同时我们还在"阿尔特马克"号上发现了两门多管高射机关炮和四挺机关枪，虽然挪威方面确实曾两次登上该舰，但显然并未搜查过该舰。在我们与"阿尔特马克"号发生冲突时，挪威鱼雷艇始终默然旁观。午夜时分，维安舰长处理完约星峡湾的事务后，驶向了福斯港。

庞德海军上将与我一同坐在海军部的作战室，焦虑不安。我向外交部施加了不小的压力，我也完全明白这次行动的难度。如果要对行动进行客观评估，我们就不能忘记德国此前已经击沉了二十一万八千吨斯堪的纳维亚半岛国家的船只，导致五百五十五个斯堪的纳维亚人丧生。但国内民众以及战时内阁更加关注的是舰上有没有英国俘虏。凌晨三点找到并解救了近三百名英国俘虏的消息传来，我们十分开心。解救英国俘虏是这次行动的重中之重。

我们以为这些俘虏饱受折磨，可能遭受了连日的饥饿与监禁，于是便派了救护车、医生、记者和摄影师到利斯港前去迎接。但他们在驱逐舰上得到了很好的照顾，所以抵达港口时看起来都很健康，高高兴兴上了岸，我们对此并未向外界透露。成功营救俘虏得益于维安指挥有力。举国欢呼雀跃，民众的热情不亚于"施佩伯爵"号被击沉后的情形。这两件事提高了民众对我的支持度和我在海军中的声望。"海军来救我们了"这句话盛传一时。

挪威受到德国的威胁自然会吓得战战兢兢，同时又利用了英国对它的宽容，所以我们应当尽量原谅挪威政府的所作所为。挪威强烈抗议英国军舰进入其领海。张伯伦首相在下议院发表的演说中提到了英国对挪威的答复：

挪威外长科特教授说，为了逃避公海追捕，运送英国俘虏前往德国战俘营的德国舰船可以穿过挪威境内长达数百英里的海域，对此挪威政府并不反对。这种言论与我们英国政府所理解的国际法可谓是南辕北辙。因为这样做就是放纵德国，把德国舰船滥用中立国家领海的行为合法化，这种行径所产生的后果是英国政府无论如何都无法接受的。

＊　　＊　　＊

　　正如我们已经看到的，希特勒在 12 月 14 日做出了入侵挪威的决定，由凯特尔负责指挥。毫无疑问，他们的行动是受了"阿尔特马克"号事件的刺激。12 月 20 日，希特勒听从了凯特尔的建议，紧急召法尔肯霍斯特①将军回柏林。当时法尔肯霍斯特将军正率领一个军团在科布伦茨，他和希特勒谈起了他曾参加的 1918 年德国在芬兰的战役。后来法尔肯霍斯特在纽伦堡审判中描述了这次会谈的情形：

　　　　希特勒问及我在芬兰的经历，说："坐下来告诉我，你当时是怎么做的。"我讲了没一会儿，希特勒便打断了我的话，把我带到一张铺有地图的桌子前面，说："我心里对占领挪威有类似的打算。因为我听说英国打算在那里登陆，所以我们必须抢在他们之前行动。"

　　　　然后希特勒在屋子里一边踱来踱去，一边告诉我他的理由。"其一，如果英国占领挪威，就可以使用迂回战略，进入波罗的海，而我方在波罗的海既没有军队驻守，也未修建防御工事。我们在东线已经大获全胜，正准备夺取西线的胜利，但对手可以从挪威进军逼近柏林，击毁我们东、西线的中枢，

---

　　① 尼古拉斯·冯·法尔肯霍斯特（1885—1968）：德国国防军大将，挪威的占领者。——译者注

从而使我们的胜利化为乌有。其二，征服挪威可以确保我国舰队在威廉港内畅通无阻。其三，可以确保我们从瑞典运输铁矿石的安全。"最后他告诉我，"我任命你指挥此次远征。"

当天下午，法尔肯霍斯特再次被召至帝国总理府与希特勒、凯特尔、约德尔等人商议挪威远征行动的具体作战计划。确定作战的先后顺序至关重要。到底希特勒会在打响"黄色"计划①（法国战役）之前还是之后进攻挪威呢？3月1日，他做出决定：先进攻挪威。约德尔在他3月3日的日记中写道："元首决定先进行威塞尔演习②，几天后，再实施'黄色'计划。"

＊　　　＊　　　＊

近来，我国整个东部沿海的航运都遭遇到了恼人的空袭。除了开往大型港口的远洋货轮外，每天在海上和沿岸海港内都还有三百二十艘船只，吨位在五百吨到两千吨之间，其中大部分是向伦敦以及南方运输煤炭的。目前，在这些小船中除一小部分外，大部分还都没有装备高射炮，因此空袭这些小船比较容易得手。敌人集中火力袭击这些目标，连灯塔船也未能幸免。停靠在我方海岸毫无遮蔽的浅滩上的灯塔船，对海员们尽忠职守，对所有舰艇甚至对那些从事袭击的舰艇都是大有用处。在第一次世界大战中，灯塔船从未遭到过袭击，但目前，敌军已经击沉、击毁我方灯塔船数艘。损失最为惨重的事件发生在亨伯河上。当时亨伯河上停靠了一艘灯塔船，在敌军机关枪的猛烈扫射下，船上九名船员有八人当场牺牲。

在抵御空袭方面，护航制度已经被证明和抵御潜艇同样有效。目

<hr />

① 德军成功地突袭波兰后准备进攻法国，并制订了严密的作战计划，即为"黄色"计划。——译者注
② 指在进攻英法之前，希特勒决定首先侵占北欧的丹麦和挪威的一个野心勃勃的计划。——译者注

前，我们已经倾尽全力为每一艘船只装备可用武器。高射炮不足时，我们千方百计加以应对，甚至用一枚救生火箭击落了一架敌机。国内舰队剩余的机关枪和海军炮手都一并分配给了东海岸一带的英国及盟国的商船。每次航行到危险地带时，这些炮手和武器就在各船之间轮流使用。到了 2 月底，陆军方面已有能力提供协助，后来为人们所熟知的海上皇家炮兵就是在那时成立的。1944 年战争到达白热化阶段，超过三万八千名正规军官兵承担了护航任务，其中一万四千名官兵来自陆军。当空袭发生在东海岸地区的护航路线上时，绝大部分船只可以向最近的机场呼救，请求派出战斗机保护。于是，海陆空三军联合作战，使袭击船只的德军飞机损失越来越大，由于敌军在扫射各个国家毫无抵抗能力的船只时所付出的代价，远远超出了他们的预估，所以敌军开始缩小空袭的规模。

时局并非一片黑暗。自从 12 月我们击毁了"施佩伯爵"号后，外海便再也没有发现过任何敌军袭击舰的活动，但我们仍在继续扫荡德国的海上航运。2 月，六艘德国船只驶离西班牙试图前往德国，但只有一艘成功返回，其余五艘有三艘被俘，一艘自行凿沉，还有一艘在挪威被击沉。2 月到 3 月间，另有七艘德国舰船企图冲破我方封锁线时，被我方海上巡逻队截获，七艘舰船有六艘被舰长自行凿沉。截止到 1940 年 4 月初，德国损失舰船共计七十一艘，达三十四万吨，其中包括由我方俘获和德方舰长自行凿沉的船只，此外，还有二百一十五艘被困在中立国家的港口里。德国潜艇发现我方商船已有武装，便弃用了火炮。接下来，他们采用了战争中最为卑劣的手段——设置不加警告标识的水雷区。虽然我们已经知道磁性水雷是如何袭击过往船只的，也知道应该如何应对，但在 1 月份，我方由于磁性水雷而损失的船只仍超过半数，其中中立国的船只占损失总数的三分之二。

2 月末，我在海军预算中已经评述了海战的显著特点。我猜测，德国的潜艇数量与战争伊始相比已经大大减少，损失数量可达半数之多。然而与我们的预料相反，直到目前德国派出的仍是老式潜艇，而很少有新式潜艇出战。事实上，众所周知，德国在 2 月末已经损失了十六艘潜艇，其中有九艘是新增的，看来敌军还没有拼尽全力。我方的造船计划包括护航舰和商船，规模十分庞大。海军部接手负责商船造船计划，格拉斯哥的造船工程师詹姆斯·利思戈爵士也加入其中。同时，我们不断截获运往敌国的货物的数量远高于我方损失的货物数量。

我在演说即将结束时说道：

> 我们的输入每个月都在稳定增加。尽管在 1 月我们遇到了潜艇和水雷袭击，受到了冬季云雾迷蒙的影响，但现在海军部安全运回港内的物资远远多于前三年和平时期平均运入物资吨位的五分之四。谨慎地说，我们比较满意这个结果，并没有心灰意冷或惊慌不安，因为很大一部分英国船只都被派去海军服役，或是穿越英吉利海峡运送军队，或是加入前往世界各地的运输船队。

第三章

THREE

风 暴 前 夕

穿越明奇海峡的航程——空袭警报——斯卡帕湾的改良——已知的希特勒计划——苏芬停战条款——斯堪的纳维亚的新危机——"皇家海军"作战计划——漂浮水雷准备就绪——达拉第政府的倒台——致法国新总理雷诺先生的信——3月28日的最高军事会议——挪威水道布雷的最后决定——7个月的拖延——各种攻势作战的提议及计划——1940年4月5日张伯伦先生的演说——德国侵略的前兆。

3月12日是人们期盼已久的日子，因为这一天英国本土舰队将会重返斯卡帕湾，并且今后将以斯卡帕湾为其主要基地。如此海军盛事，我想我定要亲自出席。于是，我便在克莱德湾登上了英国本土舰队福布斯海军上将的旗舰，随舰队一同前往斯卡帕湾。

该舰队由五艘主力舰、一个巡洋舰中队以及大约二十艘驱逐舰组成。整个航程耗时二十个小时，按照预定计划我们会在破晓时分穿越明奇海峡，于中午前后抵达斯卡帕湾。而本土舰队的"胡德"号和其他舰艇则会从罗赛斯出发，沿东海岸北上，先于我们几个小时到达。明奇海峡海况错综复杂，航行十分不易，其北部出口仅一英里宽。海峡两侧都是岩石海岸，布满暗礁险滩，而且我们还听说在这片封闭的水域藏匿着三艘德国潜艇。因此通过明奇海峡时，我们势必要保持高速航行，采取Z字形航线以躲避潜艇攻击，而且要将平时航行所用的灯光全部熄灭。鉴于此，海军部十分重视此次航行。然而就在我们吃完午餐打算出发的时候，舰队的舰长，同时也是旗舰的航海长，却突然感染流感病倒了。因此他的工作只好由其助手接替了，这位助手是一位十分年轻的海军上尉，只见他径直走上舰桥，开始指挥舰队航行。

指挥舰队是一项严肃的工作，要求指挥者专业技术过硬、判断精准，但是这位军官在没有接到任何通知的情况下便担此大任，实在令我印象深刻。他镇静自若的脸上还不时流露出一丝得意的神色。

因为我有许多事情需要与舰队总司令商议，所以直到午夜以后，我才到舰桥上去和他会面。四周一片漆黑，如同黑色天鹅绒一般。夜空晴朗，但是却看不到星月的踪影。这艘巨舰以每小时十六海里的速度破浪前行。人们只能依稀看见几团黑影，那是尾随其后的战舰。此行整个舰队共有近三十艘舰艇，成群结队，秩序井然地鱼贯前进，除了船尾的小灯以外，再无任何照明灯光，并按照既定的反潜艇方法，不断地改变航线。此时我们已经航行了五个小时之久，沿途一片汪洋，不见天日。不一会儿，福布斯海军上将来到我身旁，我对他说："我生平后悔做出过很多决定，这次航行可以算作其中之一。你怎么确保你能在天亮时抵达明奇海峡的狭窄入口呢？"他说："先生，如果此时换作您是那个唯一能发号施令的人，您会怎么做呢？"我立刻回答说："我会选择抛锚，等到早上再出发。正如纳尔逊①所言'快抛锚，哈迪！'"但福布斯海军上将告诉我："目前，我们脚下水深约为一百英寻②，无法落锚。"当然，海军的卓越表现让我多年来一直对它信心十足。我之所以在此提及此事，只是希望普通读者了解到这项工作需要的非凡技能和精准操作。在陆地上的人看来，这似乎是不可能完成的任务。但如果形势所迫，我们的海军依靠非凡的技术和精准的操作，是完全可以从容应对的。对于他们来说，这点困难不值一提，攻坚克难是顺理成章的事。

我醒来时，已经是第二天早上八点了，我们正位于明奇海峡以北的辽阔海域之上，沿着苏格兰最西端向斯卡帕湾航行。就在离斯卡帕湾入口处还有约半小时的航程时，我们得到消息说有若干架德国飞机

---

① 霍雷肖·纳尔逊（1758—1805），英国 18 世纪末 19 世纪初的著名海军将领及军事家，被誉为"英国皇家海军之魂"。——译者注

② 海洋测量中的深度单位，1 英寻 = 1.8288 米。——译者注

在我们即将通过的海湾主入口投放了水雷。鉴于此，福布斯海军上将决定，整个舰队必须先向西航行二十四个小时，直到航道完全畅通无阻时再进入斯卡帕湾。于是整个舰队便开始改变航线。福布斯上将对我说："如果您不介意换船，我可以随时派一艘驱逐舰先送您上岸。'胡德'号已经在港内了，它可以保护您的安全。"鉴于我离开伦敦三天实属不易，便接受了这一提议。很快，我们的行李就被搬到了甲板上。随后旗舰航速减至每小时三到四海里，从舰上的艇架上放下一艘小快艇，小艇上载有十二个身着救生衣的海员。我的几名随行人员已经在船上了。正当我与福布斯海军上将告别时，耳边响起了空袭的警报声，整个旗舰迅速行动起来，所有高射炮各就各位紧急戒备，另外还采取了其他一些措施。

我们已经知道在这片水域有潜艇出没，这令我十分担忧。在这种情况下我们本应该放缓航速，但是福布斯海军上将却指着旗舰周围高速行驶的五艘驱逐舰以及前方正在等候我们的第六艘驱逐舰，告诉我说一切安好，大可放心。我们划了一刻钟才赶上一英里外的我方驱逐舰。这一切像极了旧时的样子，只不过现在水手划桨已经不似从前那么熟练了。我们还未登上驱逐舰的甲板，旗舰便恢复原来的航速，开足马力去追赶舰队的其他军舰去了。驱逐舰上的所有官兵都各就各位，严阵以待。只有外科医生前来接应我们，并随后将我们带到了军官起居室。里面的桌子上摆满了医疗器械，随时准备应对各种突发状况。但是好在并未发生空袭，所以我们立刻高速驶入了斯卡帕湾。我们安然穿过了斯维塞海峡，这是一条小航道，德军并未在此投放水雷。我们这艘船上的中校参谋汤普森介绍说："这是商船的出入口。"事实上，确切地说这是军需船的指定出入口。驱逐舰的上尉拘谨地说："这是目前唯一可供小型舰队进出的水道。"为了打破僵局，缓解气氛，我问他是否记得吉卜林①的诗句：

① 约瑟夫·鲁德亚德·吉卜林（1865—1936），英国小说家，1907年凭借作品《基姆》获诺贝尔文学奖。——译者注

据闻航行途中惊现水雷，

警告所有往来船只暂作停留。

传我命令，出动扫雷艇……

我背到这里，停下来让他继续，他一字不差地继续背诵道：

"统一"号、"克拉里贝尔"号、"亚述"号、"啄木鸟"号和"万利"号。①

我们很快便登上了"胡德"号，海军上将惠特沃思召集他手下的大部分舰长前来迎接我们。我在船上度过了一个愉快的夜晚，第二天一整天都忙于巡回视察。这是我最后一次登上"胡德"号，此后它继续服役了近两年的时间，但是我一直无缘再次登舰，1941年其被德国的"俾斯麦"号击沉。

和平时期我们对斯卡帕湾疏于建设，经过六个多月的不懈努力，我们已经弥补了当时的疏忽。我们在三个主要出入口布设了水栅和水雷进行保护，另外还在柯克海峡又增添了三艘障碍船，要知道之前德国普里恩中尉的潜艇就是从此处溜进港湾内，击沉了英国海军的"皇家橡树"号。日后，我们还会在柯克海峡内布置更多的障碍船。我们还派驻了大量部队保卫这个基地以及不断增加的炮台的安全。我们已经计划向这里增加一百二十余门高射炮，同时配备大量探照灯和一个防空气球以掌握舰队停泊地的制空权并确保基地的安全。以上措施虽然并未全部到位，但是防空系统已经十分强大。许多小型舰艇不断地在军港入口处巡逻，凯思内斯郡机场驻有两到三个"飓风"式战斗机中队，这些飞机上搭载着当时最尖端的雷达，无论白天还是黑夜，都能指引飞机拦截来犯敌机。至此，英国本土舰队终于有了自己的母港。

---

① 引用自《海战》一书中的诗篇《扫雷艇》，已获得布里奇夫人和麦克米伦有限公司的同意。

第一次世界大战中，英国海军正是以此处为根据地，成为海洋霸主的。

＊　　　＊　　　＊

正如我们现在所知道的那样，当时德国已经决定在 5 月 10 日进攻法国以及低地国家，但是希特勒对于进攻挪威的具体日期却迟迟未决，要知道挪威可是首当其冲的目标。毕竟很多事情需要未雨绸缪。约德尔在 5 月 14 日的日记中写道：

> 最近英国派遣了十五六艘潜艇驻守在北海海域。不知道只是为了掩护己方的作战行动还是要遏制德国的作战行动。总之元首还未决定要以何种理由进行"威塞尔演习"计划。

这段时间，德国作战机构的计划部门异常忙碌。因为他们一方面要做好进攻挪威的准备工作，另一方面又要做好进攻法国的准备工作，这两项工作都在高效推进着。3 月 20 日，法尔肯霍斯特报告称"威塞尔演习"计划中他所负责的部分已经准备就绪。3 月 26 日下午，德国元首召开了军事会议，临时决定了进攻日期，据说就定在 4 月 9 日。雷德尔在会上做了报告：

> 在我看来，目前英国在挪威登陆这件事根本不足为虑……至于今后英国在北欧将有何动向，我认为他们会采取进一步措施阻挠德国在中立国水域上的贸易活动，另外或许还会制造事端，以此为幌子借机在挪威开展军事行动。要知道德国的铁矿石进口一直需取道挪威的纳尔维克港，而英国登陆挪威的其中一个目的便是想切断这条运输通道，他们一直贼心不死。不过，就算我们执行了"威塞尔演习"计划，这条运输通道也至少需要暂时关闭一段时间。
> 德国执行"威塞尔演习"计划势在必行，只是时间早晚

的问题。"威塞尔演习"计划宜早不宜迟，最晚应在 4 月 15 日前有个了结，因为 4 月 15 日之后，夜晚时间都很短，再加上 4 月 7 日又是新月日。如果"威塞尔演习"计划再继续拖延下去，那么海军作战的胜算将大大降低，而且要知道潜艇最多只能在驻地停留两三个星期了。对于进攻法国的"黄色"计划来说，有利于作战的天气的确是必需的，但是对于"威塞尔演习"计划来说，就没必要再等了，因为阴暗多雾的天气更利于实施"威塞尔演习"计划。目前，德国海军的人员和舰船都已准备就绪，整体状况良好。

*　　*　　*

从 1940 年年初开始，苏联便出动主力进犯芬兰。他们加倍努力想要在冰雪融化之前突破曼纳海姆防线。芬兰人民承受着巨大的压力，寄望于春天冰雪融化，但不幸的是，今年春天和融雪季节却比往常迟来了近六周。从 2 月 1 日起苏联对芬兰位于卡累利阿地峡的曼纳海姆防线发动了为期近四十二天的强大攻势，还对防线后方的基地仓库和铁路枢纽进行了猛烈轰炸。苏联先是调动大炮对芬兰进行了连续十天的狂轰滥炸，接着又派遣了强大的步兵发起攻击。经过两周的战斗，曼纳海姆防线最终被苏军攻破。此后苏联又对维伊普里主要的要塞炮台和基地进行了猛烈空袭，其猛烈程度与日俱增。到 2 月底，曼纳海姆防线已经全线崩溃，苏联现在可以集中兵力进攻维伊普里湾了。而此时的芬兰军队弹药不足，士兵也疲惫不堪。

我们之所以按规矩行事，是为了捍卫荣誉，但我们却因此失去了战略主动权，更是因此自缚手脚，难以采取一切有效措施为芬兰提供军火。目前我们充其量只能从自己本就不足的库存中调拨一些物资以援助芬兰，但是对芬兰来说这都是杯水车薪。不过法国方面却是群情高涨、一片热诚，这主要是因为达拉第先生的大力支持。3 月 2 日，达拉第先生在没有与英国政府商议的情况下便同意向芬兰派遣五万名志愿兵，援助一百架轰炸机。我们的确没有能力效仿法国向芬兰提供如此多的援助。我们之所以没有这样做还有另一方面的原因，要知道此前比利时曾俘获一名德国少校，从其身上缴获了一份文件，同时情报处方面也陆续传来消息称德国在西线大量屯兵，根据这份文件再结合这些消息，种种迹象都表明法国这种做法并不谨慎。尽管如此，我们还是决定援助芬兰五十架轰炸机。3 月 12 日，战时内阁再次决定重启在纳尔维克和特隆赫姆①进行军事登陆的计划，在此之后我们将在斯塔万格②和卑尔根登陆。由于法国已经行动起来，我们也不得不跟着有所行动，这个登陆计划便可以看作是我们援助芬兰计划的一部分，尽管这些计划必须要经过挪威、瑞典首肯才可实施，但是我们还是决定越过两国于 3 月 20 日直接行动。另一方面，3 月 7 日帕西基维③先生再次动身前往莫斯科，这一次是为了与苏联讨论停战条件。3 月 12 日，芬兰接受了苏联开出的停战条件。我们所有的军事登陆计划也随之再次搁浅，鉴于此我们解散了正在集结中的部分兵力。在英国待命的两个师现在正奉命前往法国，同时原计划预备登陆挪威的作战部队也缩减至十一个营。

* * *

与此同时，英国的"皇家海军"作战计划业已成熟。我们为此紧张忙碌了五个月之久，再加上海军部的大力支持，该计划定能准时完成。海军上将菲茨杰拉德及其手下训练有素的英国海军军官、陆战队员组成的各分遣队，已经驻扎在莱茵河上游，只待一声令下便可立刻发起进攻。3 月，整个计划已准备就绪，最后我把这个消息告诉了我的同僚和法国盟友，希望能征得他们的同意。鉴于这一进攻计划已十

① 挪威第三大城市，尼德河与特隆赫姆峡湾的交汇处。——译者注
② 挪威第四大城市，是挪威西海岸博肯峡湾中的商港和渔港。——译者注
③ 尤霍·库斯蒂·帕西基维（1870—1956），芬兰政治家，1946—1956 年间曾任芬兰总理和芬兰总统。——译者注

分完善，战时内阁方面非常愿意让我来实施这项计划，同时希望我能在外交部的支持下尽全力说服法国一同出兵。在我有生之年，每当法国经历战争或是处于危急时刻，我总是和他们站在一起，所以，我相信如果我们遇到了困难，法国也会像帮助其他国家一样助我们一臂之力。然而，在这个晦暗不明的战争阶段，法国方面竟不顾往日恩情，根本不为我的言语所动。当我步步紧逼，他们居然采用了一种前所未闻的方式拒绝了我，而且这种拒绝方式我在日后也从未遇到过。达拉第先生非常客气地告诉我："法国总统已经亲自出面调停，鉴于你方的侵略行动有可能引起他国对法方的报复，因而法国是不会采取任何类似的侵略行动的。"我无法理解这种息事宁人的想法。希特勒肆无忌惮地在我方港口内滥布水雷，倾其全力企图破坏我国贸易。而我们呢，过去只会被动防御。我等心地善良、刚正不阿、文明守礼的民族似乎只有在被置之死地时才会奋起反抗。这些日子以来，德国这座令人心惊胆战的火山及其隐藏在地下的火焰已临近爆发。在此之前这种虚假的战争状态还要僵持数月之久。在这段时间里，一方面我们整天只会商议一些无关紧要的琐事，并且迟迟不做决定，就算做出了决定也会被推翻，此外还要受制于"千万不能得罪敌国，得罪敌国只会徒然引起他的愤怒"的荒唐规定。相反，敌国却在酝酿一场浩劫，庞大的战争机器正席卷而来，随时会将我们碾碎。

*　　*　　*

芬兰的溃败导致了一系列恶果。3月18日，希特勒在奥意边境的勃伦纳山口会见了墨索里尼。希特勒故意让意大利相信德国不会在西线发动陆地攻势。19日，张伯伦先生在下议院发表讲话。鉴于外界对英国的批评日益增多，他在讲话中回顾了英国援助芬兰的始末。他还义正词严地强调说，我方这么做主要是为了尊重挪威、瑞典两国的中立立场，同时他也对政府没有及时援助芬兰的举动做了辩护，他表示即使施以援手，也难有成效。此前达拉第所采取的援助行动虽然迟缓但效果显著，并且在此过程中他过分渲染了我们对其援助行动的担忧。芬兰的失利最终给达拉第政府以致命一击。3 月 21 日，新内阁政府成立了，由雷诺先生继任总理，新政府承诺将竭尽全力积极应战。

我和雷诺先生的关系与我同达拉第先生的关系相比，两者的基础截然不同。要知道在慕尼黑事件上，我、雷诺和曼德尔的看法不谋而合，而达拉第却持相反的意见。因此，我很欢迎法国政府的这次政权变更，同时我也相信我的漂浮水雷计划被法方政府接受的概率更大了。

　　丘吉尔致雷诺先生：

　　　　听闻内阁改选很快完成且一切顺利，我高兴万分。特别是当我知道您也邀请了达拉第加入您的新内阁时，我心中的喜悦更是难以言喻。您的这一举动与布鲁姆的自谦的确令人钦佩。

　　　　您出任内阁总理，而且更兼有曼德尔与您共事，这让我十分高兴。希望日后我们两国政府能够积极合作建立密切联系。那天晚上您对我说您对当前战争的整体局势甚是忧虑，您认为有必要采取强有力的措施，我的想法与您不谋而合，这点您是知道的。不过我当时完全没有想到，局势这么快就峰回路转，真是如您所愿。在过去的三四年中，我们的想法总是不谋而合，所以我十分期待这种默契能够保持下去，也希望可以助您一臂之力。

　　　　上周我曾前往巴黎商讨"皇家海军"作战计划，并就此事给甘末林将军写了封信，现在我将该信也抄送您一份，请您设身处地地帮我参谋参谋。首相和哈利法克斯勋爵目前也十分看好"皇家海军"作战计划，当时我们三人就已经非常坚决，正准备敦促您的前任接受该计划。这个作战时机实在是千载难逢，如果贻误战机的话就太可惜了。眼下，我已准备好六千枚水雷，并且可以源源不断供应——唉！不过只可惜这些水雷到现在还搁置在陆地上——如果我们再这样拖下去，势必会走漏风声。

我希望最高军事会议能够早日举行，鉴于现在我们已经是真正的盟友了，我相信英、法两国在会上或许能达成一致。

请代我向曼德尔致以真诚的问候，请您相信，我是衷心地祝愿您能取得成功，因为您的成功对于维护我们两国的安全来说至关重要。

1940 年 3 月 22 日

3 月 28 日，法国各部部长抵达伦敦参加最高军事会议。张伯伦先生致开幕词，在开幕词中他根据自己的所见所闻全面而清楚地阐述了当前局势。令我高兴的是，他首先指出"某个行动，即大家所熟知的'皇家海军'作战计划，应当立即执行"。接下来，他阐释了这一行动的具体实施过程，还提到目前已经囤积了一定数量的水雷，并可以源源不断地供应，保障军事行动的顺利进行。这个计划绝对会让敌人措手不及。水雷将投放在莱茵河上几乎为军事专用的那部分河段。此前，我们从未执行过类似作战行动，也没有设计过这种特殊装置，这种装置可以利用河道的特点成功炸毁堰堤和河道中遇到的各类船只。最后，他说从这种武器的设计来看，不会对中立国家的水域造成影响。按照英国的预期，这种袭击势必会让敌人惶恐不安、一片混乱。因为众所周知，在战备和谋划方面，德国人思虑周全，但是同样地，一旦他们的计划落空，也没有哪个民族会比他们更懊恼急躁。要知道德国人不会随机应变。而且还有另外一个原因，鉴于德国的铁路在战时难以保证安全，所以他们越来越依赖于内河航运，一旦航运受阻，德国方面必然慌乱。除了漂雷外，我们还设计了其他武器，这些武器能从飞机上投放到德国境内水流平缓的运河中。张伯伦先生敦促法国方面尽快行动，毕竟只有快速出击，才能出其不意。如果再拖下去，可能会走漏风声，而且河道的条件日趋成熟，有利的作战时机很快就要来临。至于大家担心德国会展开报复的问题，张伯伦认为如果德国真想要轰炸英、法两国，它早就行动了，绝不会为了找个借口而蛰伏许久。现在万事俱备，只等法国最高统帅一声令下，便可行动。

接着，张伯伦又讲到德国有两个弱点，分别是铁矿石和石油供给。这两种资源的主要供应地分别位于欧洲南北两端。其中铁矿石主要来源于欧洲北部，而德国的铁矿石主要从瑞典进口。他详细阐释了切断德国铁矿石供给的问题。此外他还谈到了罗马尼亚和巴库油田的问题，他认为如果外交手段运用得当，应当能够让两国拒绝为德国提供石油，从而切断德国的石油供应。听到张伯伦先生这种强有力的论调，我越发兴奋。我和张伯伦先生的想法竟如此一致，这完全出乎我的意料。

雷诺先生则提到了德国的宣传对法国士气的影响。德国无线电广播每天夜里都会大肆宣传德意志帝国与法国并无冲突，战争的根源在于英国没有兑现对波兰的承诺，法国只是因为跟在英国后面才被拖入了战争。他们甚至还说，凭法国现在的状态根本无法坚持长期作战。戈培尔之所以会对法国采取这种政策，似乎是想让战争继续保持目前这种缓慢发展的态势，旨在打击目前新招募的五百万法国士兵的士气，让他们日益萎靡，同时指望在这段时间能出现一个新的法国政府，愿意和英国交恶而同德国妥协。

接着雷诺先生又说，许多法国人都在想一个问题，即盟国该如何取得胜利。即便将英国的兵力也计算在内，英法两国部队数量的增长速度也远不及德国。要想在西线战场取得胜利，我们必须在兵力上占据优势，可是按照现在这种状况我们何时才有望获得这种优势呢？而且在物资装备方面，我们更是完全不知道德国有何进展。法国上下普遍认为战争已经陷入僵局，德国只需伺机而动即可。除非我们果断采取行动切断德国的石油及其他原料供应，否则大家会逐渐感觉到，封锁并不是一种强大的武器，不能助盟国一臂之力取得胜利。雷诺先生认为"皇家海军"作战计划本身虽然很好，但并不能发挥决定性作用，而且最终德国的报复都会悉数落在法国头上。不过如果其他事情能妥善解决的话，他会做出特别努力以争取法国上下的支持。此外他还积极回应了切断瑞典对德国铁矿石供应的问题，他认为瑞典对德国的铁矿石供应的确与德国钢铁工业生产有着密切的联系。因此他得出结论，盟国应该在挪威沿海一带的水域布雷，之后可以采取同样的措施阻止铁矿石从吕勒奥港运往德国。另外他还强调了阻止德国从罗马尼亚进口石油的重要性。

会议最终决定，先向挪威、瑞典递送一般性通牒，之后于4月5日在挪威水域布设水雷。在获得法国军事委员会的许可之后，开始启动"皇家海军"作战计划：4月4日在莱茵河中布设漂雷，4月15日从空中投放漂雷到德国各条运河中。会议还达成共识，如果德国入侵比利时，盟国可立刻派兵进入比利时，无须等待比利时政府发出正式援助请求；如果德国入侵荷兰，而比利时不去援助，盟国有权取道比利时驰援荷兰。

最后，全体人员在一件显而易见的事情上达成了共识。会议发表公报称英法政府已就以下内容达成一致，在此郑重声明：

> 英法政府在当前战争期间，除非经双方同意，否则任何一国不得单方面与他国谈判，签署停战协定或和平条约。

这一协定日后发挥了重大作用。

＊　　　＊　　　＊

4月3日，英国内阁开始执行最高军事会议的决议。4月8日，海军部得到授权开始在挪威水道敷设水雷。我将这个实际的布雷行动称为"威尔弗雷德"，因为这次行动本身规模很小而且是合法的。鉴于我们在挪威水域敷设水雷很有可能会招致德国的反击，英法两国一致决定派遣一个英国旅和一个法国分遣队前往纳尔维克肃清海港，保护布雷行动，随后继续向瑞典边境挺进。此外，为了阻止敌人占据斯塔万格、卑尔根、特隆赫姆等处的基地，英法两国应该向这些地区再派驻一些部队。

我们终于通过了这项决议，可以在挪威的水道布雷，在此之前经

历的种种很值得再回味一下①。我早在 1939 年 9 月 29 日就提出过这项
建议，但那时并没有因此而发生一点变化。无论是从道义上还是从技
术上来看，所有的反对理由归根结底都大同小异，无非就是害怕影响
他国中立，担心德国可能报复挪威，觉得切断纳尔维克对德国的铁矿
石供应渠道意义不大，担心中立国家和全世界的舆论。但是最后这个
行动还是令最高军事会议信服，战时内阁也表示赞成，并且事实上已
经决定付诸实施。不过好景不长，他们后来又反悔了，因为那时他们
将所有注意力都放在了棘手的苏芬战争上。内阁连续六十天都将援助
芬兰列入了会议议程，但是这根本无济于事。最终芬兰还是被苏联打
败，只得投降。现在，在经过徒劳的不知所措和犹豫不决之后，在经
过政策的反复无常和德高望重之人无休无止的争论之后，我们终于就
这么简单的一个问题达成了一致，要知道早在七个月之前我就已经提
出了这个建议。对战争而言，七个月是一段漫长的时间。现在，希特
勒已经万事俱备，而且他此次的计划较以前更为有力，准备得更为充
分。上述事例很好地证明了通过委员会或者多个委员会发动战争的想
法是多么愚蠢之极，根本毫无用处。接下来的数周内，我不得不承担
起大部分责任，忍受人们对这场注定要失败的挪威战役的憎恶。在下
文中，我将为你们描述挪威战役的情形。要是在我一开始提出布雷行
动的时候，上面就允许我自由指挥，或许这场重要战役的结果会更令
人满意一些，并且各个方面都会朝着更有利的方向发展，但是现在一
切都已然无力回天。真可谓是：

---

①　1939 年 9 月 29 日，海军大臣请内阁注意瑞典铁矿石对于德国经济的价值。1939
年 11 月 27 日，海军大臣对于第一海务大臣提出一份节略，要求审查在挪威水道布雷的建
议。1939 年 12 月 15 日，海军大臣在内阁提出关于铁矿石运往德国的问题。1939 年 12 月
16 日，传阅送达内阁的关于这个问题的详细备忘录。1939 年 12 月 22 日，内阁考虑备忘
录。1940 年 2 月 5 日，最高军事会议在巴黎就援助芬兰进行了详细讨论（丘吉尔出席会
议）。1940 年 2 月 19 日，英国内阁再次讨论水道布雷一案，海军部奉命进行准备。1940
年 2 月 27 日，布雷命令撤销。1940 年 3 月 28 日，最高军事会议决定敷设水雷区。1940 年
4 月 3 日，英国内阁最后决定布雷。1940 年 4 月 8 日，水雷区敷设完毕。

有机会扭转乾坤却错失良机，

如今想力挽狂澜已困难重重。

　　在这里，或许我应该向大家介绍一下我以僚属身份在这段满是阴霾的战争期间所提出的种种进攻建议和计划。其一是进攻并控制波罗的海，如果可能的话这是我们的主要计划，不过这个计划最后由于大家逐渐意识到德国空军的强大而遭到否决。其二是对"皇家"级战列舰加以改造，组建一支舰身配有超厚装甲，能抵御炸弹与鱼雷袭击的作战舰队。但是这个计划由于战局改变，需要优先建造航空母舰，最终也半途而废。其三是采用简单的战术行动，即在挪威水道布设水雷以切断瑞典对德国的主要铁矿石供应。其四是使用"六号耕地机"，我们觉得这种机械可以在今后很长一段时间内作为一种有效手段打破法国战场上的僵局，从而避免第一次世界大战中死伤惨重的情形重演。然而这个方案后来却被德国的装甲突击战术所取代，德方利用我方发明的武器把我们打得落花流水。这也证明在这场新型战争中，较之第一次世界大战的堑壕战，进攻战更具优势。其五是"皇家海军"作战计划，即在莱茵河上投放漂雷，使德国的交通运输陷于瘫痪。这个方案在获准实施之后虽然发挥的作用有限，但是实战证明其还是有一定优越性的。不过很可惜，这些水雷在法国的抵抗全面瓦解后就都被清除了。无论如何，这种武器还是要经过长时间的使用才能对敌人造成致命打击。

　　总的来说，陆战我更倾向于使用强大火力进行防御；至于海战，我始终坚持在我职权范围内对敌人采取主动出击的策略，从而让敌人不再把我们的海上贸易作为他们的主要攻击目标，让糟糕的海上贸易状况稍稍得到缓解，不再受煎熬。但是要知道战局长期僵持，在这场晦暗不明的战争或者美国人口中的"虚假"战争中，英法两国均无能力抵御德国的报复性突击。英国也仅仅是在法国战败之后，依靠自身岛国的有利条件，才在战事不利的痛苦和濒临被歼灭的威胁中形成了与德国相抗衡的民族信念。

*　　*　　*

这时，各种真假难辨的消息纷至沓来，预示着德国可能会有下一步动作。4月3日战时内阁召开会议时，陆军大臣告诉我们，陆军部收到情报称德国已经在罗斯托克集结了一支强大的军队，企图在时机成熟时出兵攻占斯堪的纳维亚半岛。外交大臣说斯德哥尔摩方面传来的消息证实了这一情报。而驻柏林的瑞典公使馆传来消息称，德国目前已在什切青和斯维纳明德两地集结了二十万吨的舰船，船上载有大量军队，谣传其数量达四十万人。有人分析认为这些军队是针对我们的，倘若我们对纳尔维克或挪威其他海港发动攻击，这些军队就会向我们展开反攻。尽管德国人已经有所准备，但还是听说他们对我们可能会在挪威登陆的行动惴惴不安。

不久，我们获悉法国军事委员会不同意实施"皇家海军"作战计划。法方赞成在挪威水域布设水雷，但是对于其他所有可能引发德国报复的行动都一概否决。法国总理雷诺通过法国大使向我们表达了歉意。张伯伦先生在这一阶段十分倾向于采取一些激进措施，因此在遭到法方拒绝后极其恼怒。他在与科尔班先生的一次会谈中，将两个作战计划相互关联起来。他说一方面英国可以如法国所愿切断德国的铁矿石供应，但条件是法国必须允许我们执行"皇家海军"作战计划，因为德国在英国水域投放的磁性水雷在过去和现在都对我们造成了极大伤害，我们要展开报复。我本人确实十分看好"皇家海军"作战计划，但没想到张伯伦先生竟也会如此鼎力支持。这两个作战计划均是主动进攻的表现，借以打破战争长久以来的僵局。因为现在我相信，这种晦暗不明的状态持续得越久，德国占的便宜越多。要是我们能在几天内说服法国按时执行这两个计划，那么"威尔弗雷德"计划再延后几日也无妨。

在这一关键时刻，首相对我的想法十分赞成，我们似乎是英雄所见略同。他派我前往巴黎，想方设法说服达拉第先生，他看得出来法

方反对实施"皇家海军"作战计划显然就是达拉第先生从中作梗。4日晚上，英国驻法国大使馆举行晚宴，我见到了雷诺先生及他的其他几位部长，我们的许多想法似乎都不谋而合。我们本来邀请了达拉第先生，但他推脱说已另有安排，约我第二天早上与他见面。为了竭力迫使达拉第同意实施"皇家海军"作战计划，我已事先请求内阁允许我可以向达拉第挑明，即使"皇家海军"计划遭到否决，我们也会执行"威尔弗雷德"计划。

5日晌午时分，我前往圣多米尼克街拜访达拉第，与他进行了一次严肃的对话。我对他昨晚缺席晚宴表示了不满。他急忙辩解道确实是早有安排。在我看来，显而易见，新旧总理之间存在着很大嫌隙。达拉第说，如果英国实施了"皇家海军"作战计划，那么德国必将有所回应。如果能给法国空军三个月时间备战，届时法国便有能力采取必要措施应付德国的报复行动。关于这一点，他准备以书面形式提出一个确切的日期。此外他还竭力强调，法国工厂毫无防御能力。最后他向我保证，法国的政治危机已经烟消云散，他将与雷诺先生和谐共处。会谈进行到此，我便离开了。

我通过电话向战时内阁报告了我到法国的进展，内阁表示，就算"皇家海军"作战计划遭到法方拒绝，我们也应当继续执行"威尔弗雷德"计划，但是英法双方应就此事进行正式的书面沟通。在4月5日的内阁会议上，内阁决定由外交大臣将我方的决定知会法国政府，即我们自始至终都高度重视尽早实施"皇家海军"作战计划以及在挪威水域的布雷计划，但是现在我们准备对法国做出让步，同意只执行后一个计划。"威尔弗雷德"计划的执行日期最终定为4月8日。

1940年4月5日，星期五，首相以异常乐观的态度向保守与统一党（即保守党）协会全国联合会的中央委员会发表了演说：

> 经过七个月的战争，我感觉我现在对于取胜信心十足，相比战争开始阶段已经是当时的十倍之多。我感觉七个月之前敌我力量悬殊，而如今已有了极大的改善。

请各位仔细想想德国这样的国家和我国在行事作风上有何不同。早在战争爆发以前，德国便开始扩军备战。它疯狂地扩充陆军和空军，集中一切资源生产武器装备，还建立了庞大的物资储备。事实上，德国把自己变成了一个武装完备的兵营。而另一方面，我们英国则是一个爱好和平的国家，一直贯彻和平政策。的确，由于德国的所作所为，我们现在不得不重启那些已经搁置了很久的防御措施。但是只要现在依然有望保持和平的局面，我们就会推迟实施那些极端的防御措施，而且会继续推迟下去。只有当我们认为战争不可避免的时候，我们才会这么做。

　　这样做的后果便是，到了战争真正爆发的时候，德国的战备工作的确远比我们充分。接下来按照我们的正常思路，德国应该会趁我们还没来得及做好防御工作时，利用自己初期的优势尽力压制我国与法国。然而德国并没有这样的打算，这难道不是一件很反常的事吗？也许希特勒觉得自己可以不战而胜轻松占有攫取一切，又或者他还没做好充足的准备，不管出于怎样的原因，有一点我们可以确信无疑：希特勒已经错失良机。

　　因此，我们有了七个月的喘息时间。我们利用这段时间纠正并消除了自己的弱点，并对武装力量进行了加强和调整，从而大大地提高了我们的战斗力，这样一来日后面对任何局势变化时我们都能沉着冷静、镇定自若。

　　也许你会说："话虽如此，难道敌人不也同样会利用这段时间加紧备战吗？"毫无疑问，敌人自然会有所准备。当然我决不会低估德国的实力与决心。如果德国认为它的军事打击不会招致加倍的报复，那么它势必会肆无忌惮、毫不手软地使用武力。我非常赞成这一点，不过我也要指出：德国准备得越充分，他们可调动的兵力也就越少。

　　这一言论似乎有失偏颇。首相在发言中假设我方与法方现在的实力比战争初期相对要强大一些，这种假设是不合情理的。我在前文中曾经提到过，德国已经狂热地生产军火达四年之久，而我方才处于初级阶段，大约只相当于德国在第二年的水平。此外，时光飞逝，现在德国陆军已成立四年之久，其组织已经相当成熟和完善，虽然法国陆军曾经训练有素、团结一致，但是这些优点都已经是过去式了。首相没有料到我们正处于浩劫的前夕，在我看来，几乎可以确定陆战已经一触即发。总而言之，首相所谓的"希特勒已经错失良机"只是凭空臆断。

　　现在所有的一切都悬而未决。虽然英法双方采纳了我提出的各种小建议，但是在关键行动上双方都毫无作为。我们目前的计划主要是对德国实施封锁，一方面在欧洲北部的挪威走廊布设水雷，另一方面切断德国从欧洲东南部获得石油的途径。虽然德国前线毫无动静，但是一旦发动猛烈突袭，便可如湍急的洪流一般，只需一瞬间就可将盟军这些消极的小把戏一扫而光。很快我们就会领教到全面战争的滋味了。

第四章

FOUR

海 上 交 锋

查特菲尔德勋爵引退——首相请我主持军事协调委员会——"威尔弗雷德"计划——德国占领挪威——中立的悲剧——舰队全部出动——英国潜艇行动——最高军事会议在伦敦召开——英国人民的愤怒——4月11日的议会辩论——国王的来信

在继续叙述战时回忆之前，我必须先讲一讲1940年4月我职位变动的事。

查特菲尔德勋爵当时担任国防协调大臣一职，但是这一职务已经成了政府的累赘，于是他在4月3日递交了辞呈，张伯伦先生予以批准。4日，唐宁街10号发表了一个公告，称政府不打算填补这一职位的空缺，但是也做出了相应安排，由大臣中资历最深的海军大臣接管军事协调委员会。所以，我便于4月8日至15日期间担任了委员会主席并负责主持会议，通常会议每日举行一次，有时则每日两次。于是，我就这样开始担负起了额外的责任，却没有实际的指挥权。在同属战时内阁的军务大臣中，我是"同侪之首"，但并没有做决议或执行决议的权力，必须与各位部长及专门负责人商讨之后方可实施。所以许多重要而有才干的人都有权利和义务就瞬息万变的战局发表自己的看法，而这场战争正在拉开帷幕。

三军参谋长分别与自己的部长商讨战争形势后，还会每天聚首议事，然后再各自做出决议。毫无疑问，这些决议至关重要。而我对这些事务的了解，要么是通过第一海务大臣，他一向对我毫不隐瞒、坦诚相告；要么是通过三军参谋长委员会的一系列备忘录和会议纪要。当然，如果我想就这些观点提出问题，我可以在我主持的协调委员会上提出。通常情况下，三军参谋长都以个人身份出席，各军务大臣也会偕同他们一起参加会议，并且在会议上支持各参谋长的观点。会议上，大家畅所欲言，谦虚有礼，会议接近尾声时，会议秘书会草拟一份措辞得体的报告，呈交至海、陆、空三部核对，以确认没有相互矛盾的地方。就此，我们达到了那种合作无间的境地，全体人员共同协商，所有事情都能按照大部分人的共同意愿得以解决，为绝大多数人争取最大利益。但是，在接下来的战争中，情况则截然不同。我必须说，真实的战争更像是一个恶棍用木棍、铁锤或是其他更重的武器猛敲了另一个人的鼻子。这一切真令人扼腕叹息，这也是为何我们要避免战争，处理所有事情都要以和为贵，不仅要考虑到多数人的利益也要充分考虑到少数人的利益，并如实记录不同意见的原因之一。

战时内阁的国防委员会几乎每天都开会，商议军事协调委员会和三军参谋长呈交的报告，并做出最终决定，不同意见将再次呈至经常开会的内阁会议讨论。所有问题又得反复解释，等到解释完毕，往往局势已经有所变化。海军部是战时必需的战争指挥部，对舰队有影响的决议总是立即做出决定，只有极其重大的事件才会报告给首相，而首相对我们做出的每一个决定都予以支持。如果某一行动涉及其他部门，那么按照程序层层报告便无法适应事态的发展。但是，由于挪威战役的特殊性，海军部在战争刚刚拉开序幕时就承担了四分之三的行政事务。

我不想故弄玄虚，说只要手中有权力，就能对目前面临的问题做出更好的决定或提出更好的解决方案。我接下来即将讲述的事件，由于其影响之深远，情况之复杂，我很快意识到只有拥有首相的权威才能坐镇主持军事协调委员会。所以 15 日我便请求张伯伦先生接手主席一职，接下来我们在挪威战役期间召开的几乎所有会议都由他主持。我们二人的意见仍是不谋而合，他对我提出的观点以他最高的权威加以支持。在我发现援助挪威为时已晚时，我十分不悦地全力投入到了这次行动中。就议会质疑主席更换一事，首相的答复如下：

我应海军大臣请求，同意亲自出任主席，主持召开军事协调委员会会议，讨论与整体战争指挥相关的重要事务。

所有相关部门立即表示将忠于首相，并表达了美好的祝愿。但是我和首相却深切地意识到我们的制度缺乏有序的管理形式，特别是在发生意外事件时更是如此。虽然，海军部无疑是这次战争的主要执行部门，但是如果在协调委员会里，我身为军务大臣之一，既要协调其他军事部门的行动，又要管理整个海军部事务，并专门负责海军行动，人们自然会颇有微词。就算首相亲自担任主席支持我，这些问题也无法迎刃而解。由于缺乏方法或管理松散，几乎每天都有各种不幸接踵而来，但是即便如此，我依然坚持在这个制度灵活、气氛友好却管理松散的组织里担任职务。

* * *

4月5日，周五晚上，德国驻奥斯陆大使邀请了一些包括政府人员在内的达官显要前往大使馆观看电影。电影讲述的是德国征服波兰的事件，随着德国轰炸华沙的恐怖逐渐升级，电影在剧终达到了高潮。随后出现了这样的字幕：对于这种结局，波兰要感谢他们的朋友英、法两国。在忧郁沮丧的气氛中，聚会戛然而止，人们不欢而散，然而，挪威政府最关心的却是英国的动态。佛斯特峡湾位于进入纳尔维克港的航道上，4月8日凌晨四时三十分至五时，四艘英国驱逐舰在该峡湾的航道上布设了水雷。伦敦于凌晨五时报道了这一消息，接着，英国政府在五时三十分向挪威外交部长提交了照会。8日整个上午，奥斯陆都在草拟抗议英国的文件。但是到了当天下午晚些时候，英国海军部通知挪威驻伦敦大使馆，在挪威沿海发现了德国战舰，正在向西北方向前进，很有可能是要前往纳尔维克港。几乎就在同时，挪威首都也接到消息，称在挪威南海岸一带，波兰潜艇"奥泽尔"号击沉德国"里约热内卢"号运输舰，当地渔民救起了大量落水的德国士兵，据说这些士兵原本是奉命前往卑尔根，协助挪威人民保家卫国的。之后还有许多后续报告接踵而至。德国当时已经攻入丹麦，但是挪威直到本国遭到入侵之后才得知了这一消息。所以，挪威对此毫无防备。虽然丹麦进行了奋勇抵抗，但德国击毙了几个忠诚的丹麦士兵后，就轻而易举地攻下了丹麦。

当晚，德国战舰抵达奥斯陆。外城的炮台一起向其开火。挪威的防御力量包括一艘布雷艇"奥拉夫·特里格瓦松"号以及两艘扫雷艇。天亮之后，德国的两艘扫雷艇进入了峡湾入口，并在海岸炮台附近登陆。尽管德国有一艘扫雷艇被挪威的"奥拉夫·特里格瓦松"号击沉，但是德军依旧成功上岸并占领了炮台。一开始，挪威的"奥拉夫·特里格瓦松"号布雷艇成功地在峡湾入口处拦住了两艘德国驱逐舰，并攻击了德国巡洋舰"埃姆登"号。当时挪威有一艘只装备有一门大炮的武装捕鲸船，在没有收到任何抵抗入侵者的命令的情况下，也加入了战斗。捕鲸船上的大炮遭德军轰炸，舰长双腿被炸断。为了不使船员士气受挫，舰长英勇就义，毅然地从甲板上跳入大海。德军由重型巡洋舰"布吕歇尔"号带领，现在已经进入了峡湾，向重兵把守的奥斯卡斯堡要塞进发。挪威炮台开始反击，在距德军"布吕歇尔"号五百码处发射了两枚鱼雷，正中目标，"布吕歇尔"号迅速沉没，包括德国高级行政官员和德国纳粹秘密警察分遣队在内的随船人员一并丧生。其余德国舰艇不得不全部撤退，其中包括"吕佐夫"号，"埃姆登"号也因舰体受损而退出海战。奥斯陆没有因海上袭击而沦陷，却因德国军用飞机运来的军队以及在佛斯特峡湾登陆的方法而失陷。

希特勒的计划立即如闪电般全面展开。德军先后袭击了挪威的克里斯蒂安桑、斯塔万格，北部的卑尔根以及特隆赫姆。

其中，最冒险的袭击发生于纳尔维克。一个星期以来，原本是像以往一样返回纳尔维克的德国铁矿石运输船，竟沿着受挪威中立水域掩护的水道一路向北前行，这些船只看似空无一物，实则装满了德国的补给物资以及武器。十艘各载有两百名士兵的德国驱逐舰已于数日

前在"沙恩霍斯特"号和"格奈森诺"号的保护下驶离德国,在9日早上抵达纳尔维克。

港湾内停靠着两艘挪威战舰"诺格"号和"埃兹沃尔德"号。它们做好了与敌军决一死战的准备。黎明时分,挪威方面发现有数艘驱逐舰疾速驶向港湾内,但是由于风雪太大,无法第一时间确定这些舰艇是哪个国家的。很快,一名德国军官乘汽艇前来,要求"埃兹沃尔德"号投降。"埃兹沃尔德"号的司令官冷冷答道:"我要进攻。"这名德国军官听到回复后立即撤退,但是几乎就在同时,"埃兹沃尔德"号被一连串的鱼雷炸毁,随船人员几乎全部丧生。就在这时,"诺格"号开火,但是几分钟后也因被鱼雷击中而立即沉没了。

此次抵抗勇猛无比但却毫无胜算,两百八十七名挪威船员葬身大海,两艘船上获救人员不足百人。这样一来,德国占领纳尔维克便易如反掌。纳尔维克是一处战略重地——但今后我们再也无法利用了。

* * *

袭击、冷酷无情、精准打击,这些都是德军进攻无辜而又毫无防御的挪威时所体现出来的战斗特点。此次袭击中,首次登陆的德军人数不超过两千,然后又派出了七个师的力量,主力从汉堡和不来梅港上船,后续部队则从什切青、但泽两地出发。德军派出三个师进攻,另外四个师在奥斯陆和特隆赫姆予以协助。八百架作战飞机以及两百五十架至三百架运输机配合此次进攻计划。这样德国在四十八个小时内便将挪威所有的重要港口全部收入囊中。

* * *

7日(星期天)夜间,我方侦察机发来报告,称在前一天目睹了一支德国舰队穿过了斯卡格拉克海峡入海口向纳兹驶去,舰队包括一艘战列巡洋舰、两艘轻型巡洋舰、十四艘驱逐舰以及一艘疑似运输舰。

海军部很难理解为什么德国舰队要驶向纳尔维克。尽管哥本哈根传来消息，称希特勒有意要控制纳尔维克港，但海军参谋部认为德国舰队很有可能掉头进入斯卡格拉克海峡。然而我们还是立即下达了以下命令：包括"罗德尼"号、"反击"号、"英勇"号以及两艘巡洋舰、十艘驱逐舰在内的本土舰队要做好一切准备，计划于4月7日晚八时三十分驶离斯卡帕湾；第二巡洋舰中队有两艘巡洋舰和十五艘驱逐舰，也计划于同日晚十时驶离罗赛斯。第一巡洋舰中队本来一直在罗赛斯运载部队，以争取占领挪威港口，现在奉命把舰艇上的士兵直接送上岸，尽快驶往海上与其他舰队会合。克莱德湾的"曙光"号巡洋舰以及六艘驱逐舰也接到类似命令前往斯卡帕湾。我方所有可用力量均已奉命出动，所有这些果断的行动都是经最高指挥官同意才发出执行令的，这一决定是基于一场突发的大战即将来临的假设，尽管最高指挥官无论如何都不能接受该假设。同时，纳尔维克港外，四艘驱逐舰在战列巡洋舰"声望"号、巡洋舰"伯明翰"号以及另外八艘驱逐舰的保护下正在进行布雷工作。

周一早晨战时内阁召开会议，我在会上报告，佛斯特峡湾水雷区的水雷布设工作已于今晨四时三十分至五时完成。同时，我也在报告中详细说明了我方所有舰队都已在海上做好了战斗准备。目前我们已确定德国舰队的确正在驶向纳尔维克。在前往执行"威尔弗雷德"水雷布设计划的途中，我方的四艘驱逐舰中的"萤火虫"号有一名士兵失足落水，为了搜寻落水士兵，该舰落在后面与其他舰艇走散。8日早晨八时三十分，"萤火虫"号报告，它在距佛斯特峡湾一百五十英里处与一艘敌军驱逐舰相遇。很快它又报告称在前方发现了另一艘驱逐舰，之后又发来报告称其正在与敌军舰船交战，敌军处于优势地位。九时四十分之后，我们就再也没有收到来自"萤火虫"号的后续消息，音信全无。根据"萤火虫"号的报告，我们可以推测，德国舰艇如果中途没有遭遇拦截，估计将于当晚十时抵达纳尔维克湾。我们希望"声望"号、"伯明翰"号以及其他我方的驱逐舰能够遇到这些德国舰艇，战争也许一触即发。我说："我们无法预见战争中的危险，但

是以我们现在这样的舰队力量不可能使我们在作战中处于劣势。"况且，总司令正在率领整支本土舰队从南部驶往事发地点，现在应该已到达斯塔特兰对面的海域。我们已经把所知道的一切都告诉了总司令，但总司令像往常一样保持沉默。在我方舰队离开斯卡帕湾时，监听到了一艘在奥克尼群岛附近的德国潜艇发出的一段很长的讯号，因此德国应该已经知道英国本土舰队也在海上。同时，第二巡洋舰中队离开阿伯丁向北移动时，途中发来电报称有敌机尾随，预计大约在中午会遭到空袭。海军部和皇家海军立即采取一切措施，派遣战斗机前往事发地点。当时所有的航空母舰都有任务在身不能前往，但水上飞机可以执行任务。某些区域浓云密布，然而我们相信北部天气应该会较好，并持续放晴。

战时内阁注意到了我的报告，请我将已知的有关德军行动的消息与挪威海军当局通气。总而言之，大家认为纳尔维克是希特勒的目标。

4月9日，张伯伦先生召集我们于八时三十分参加战时内阁会议，会上就我们当时已知的关于德国入侵挪威以及丹麦的情况进行了讨论。战时内阁成员一致推举我担任本土舰队的总司令，尽一切可能清扫卑尔根和特隆赫姆的敌军势力，同时参谋长委员会应当着手准备军事远征以收复这两处失地，占领纳尔维克。但远征军只有等到海上情况稳定后才能出动。

*　　*　　*

战争结束之后，我们从德国的记录中了解到了"萤火虫"号的遭遇。8日星期一清晨，"萤火虫"号接连遇到了两艘敌人的驱逐舰。于是，它们在波涛汹涌的海洋上展开了追逐战，这时"希佩尔"号突然出现在事发地点，并向"萤火虫"号开炮，在"希佩尔"号的攻击下，"萤火虫"号躲进了烟幕后方。"希佩尔"号冲破浓雾，步步紧逼，在快要找到"萤火虫"号时，突然发现"萤火虫"号就在眼前，正向它全速驶来。重达万吨的敌舰"希佩尔"号始料未及，未能及时躲避，"萤火虫"号将"希佩尔"号的舰身划开了一条四十米宽的裂口。之后"萤火虫"号舰身起火，残破不堪地驶离战场，几分钟后爆炸了。"希佩尔"号救起了"萤火虫"号上的四十名落水的幸存者，而骁勇善战的舰长在被转至安全地带时，因为过度劳累从巡洋舰的甲板上坠入海中，之后踪迹全无。就此"萤火虫"号的荧光不再闪烁，但是舰长杰拉德·鲁普海军少校被追授维多利亚十字勋章，他的英勇事迹将世代流传。

"萤火虫"号通讯突然中断时，我们十分希望能够诱使德军主力舰队冒险前来这片遥远的海域进行作战。周一，我们在敌舰两侧部署了更具优势的舰队。从需要清理的海域来看，我们很有可能会遇上敌舰，只要相遇，我们便会集中火力进攻。当时，我们不知道"希佩尔"号正在护送德国舰队前往特隆赫姆。尽管"希佩尔"号当晚便潜入了特隆赫姆，但是因为"萤火虫"号，这艘强大的敌军战舰失去战斗力达一个月之久。

收到"萤火虫"号的求助信号后，"声望"号的惠特沃斯海军中将便立刻向南驶去，试图阻拦敌军，但是随后接到海军部的命令，让他把守纳尔维克的入口处。9日星期二，暴雪肆虐，狂风怒号，海浪滔天。清晨时分，"声望"号发现两艘舰船在佛斯特峡湾靠海方向约五十英里处航行。它们是"沙恩霍斯特"号和"格奈森诺"号，刚刚完成了护送远征军前往纳尔维克的任务，但当时"声望"号误以为两艘船中只有一艘是战列巡洋舰。起初，"声望"号在一万八千码远的地方开炮，很快便击中了"格奈森诺"号，使其火炮控制装置受损，短时间内无法开炮。为了掩护"格奈森诺"号，另一艘战舰"沙恩霍斯特"号放出烟幕，随后，两艘战舰掉头向北逃去，"声望"号紧随其后，穷追不舍，一时间战斗变成了一场追逐战。与此同时，"声望"号也身中两弹，但无碍大局，紧接着它又连续两次击中了"格奈森诺"号。海上风大浪高，"声望"号仍是以全速向前行驶，但没过多久也不得不减速至二十海里每小时。由于断断续续的风雪和德国军舰放出的烟幕，双方的炮火都未击中对方。虽然"声望"号已经竭尽全

力追赶，但敌舰仍消失在了北方的海面上。

＊　　＊　　＊

4月9日早上，福布斯海军上将偕同主力舰队驻守在卑尔根港口。早上六时二十分，他向海军部询问了德军驻守该地的情况，打算派遣莱顿海军中将率领一队巡洋舰和驱逐舰，攻击所有能找到的德国军舰。海军部也赞同他的计划，于八时二十分向他发去了电报：

> 制订好准备进攻德国驻守在卑尔根港内的战舰和运输舰的计划。如果该港的防务仍在挪威手中，则控制其出入口。如果兵力充足，可以兼顾两者，这个计划也可以用于特隆赫姆。

海军部核准了福布斯海军上将进攻卑尔根的计划，但是接着又警告他不能再对防御工作抱有希望，不能认为这些国家依旧对他们友好。为了避免兵力分散，进攻特隆赫姆一事只能等找到德军战列巡洋舰后才能进行。中午大约十一时三十分，海军中将率领四艘巡洋舰和七艘驱逐舰，启程前往八十英里外的卑尔根。但由于舰队逆风航行，海上风高浪急，舰队前进的速度只能保持在十六海里每小时。不久侦察机传来报告，称敌军在卑尔根有两艘巡洋舰而非一艘。而我方仅有七艘驱逐舰，胜利的希望十分渺茫，除非我方巡洋舰也一同作战才有胜算。第一海务大臣认为这些舰艇要面对水雷与飞机的双重威胁，过于冒险。我刚从内阁回来，他便找我商量，在读了今早传来的各封电报，并经过作战指挥室的简短讨论后，我对他的想法表示赞同。于是便取消了这次袭击。现在回想起这件事，我认为海军部对总司令控制太过严格，在得知他的本意是想打开一条进入卑尔根的通道后，我认为我们当时应该仅向他一人发送情报。

当日下午，舰队遭遇到了猛烈的空袭，空袭的主要目标是莱顿海军中将的舰艇。敌人击沉了"廓尔喀"号驱逐舰，离弹着点较近的"南安普敦"号和"格拉斯哥"号巡洋舰被炸伤。此外，敌军还击中了旗舰"罗德尼"号，所幸甲板坚硬，未造成重创。

巡洋舰袭击卑尔根的计划取消之后，福布斯海军上将提议于4月10日薄暮时，在"暴怒"号航空母舰上出动载有鱼雷的海军飞机。海军部同意了这一提议，同时准备在9日晚上派遣皇家空军轰炸机，在10日早上派出海军飞机从哈茨登（奥克尼群岛）展开袭击。与此同时，我方巡洋舰和驱逐舰将继续封锁入口。此次空袭十分成功，我方海军飞机投放的三枚炸弹击沉了德军的"柯尼斯堡"号巡洋舰。我方侦察机报告，在特隆赫姆发现了敌军巡洋舰和驱逐舰各两艘，因此"暴怒"号航空母舰转而开赴该地。11日清晨，我方出动了十八架飞机，但除了商船，只发现了两艘驱逐舰和一艘潜艇。可惜的是，负伤的"希佩尔"号已趁夜离去，我们未发现任何巡洋舰，而对两艘德国驱逐舰的袭击也不成功，因为我方鱼雷还没击中目标便冲入浅滩搁浅了。

同时，我方潜艇还活跃于斯卡格拉克海峡和卡特加特海峡。8日晚，潜艇发现了由波罗的海出发向北行驶的敌舰，对其展开了袭击，但未能成功。然而，"游荡者"号于9日在瑞典克里斯蒂安桑港外将德国"卡尔斯鲁厄"号巡洋舰击沉，第二天晚上，"金枪鱼"号发射鱼雷击沉了刚从奥斯陆返航的德国袖珍战列舰"吕佐夫"号。我方潜艇在取得了上述胜利后，在这场战役开始的第一周内，又击沉了至少九艘敌军运输舰和补给船，但我方损失也十分惨重，在4月严密驻守波罗的海出入口期间，三艘英国潜艇遭敌军击沉。

*　　*　　*

9日早上，纳尔维克的形势尚不明朗。总司令希望抢在德国前面占领该港，于是便命令舰长沃伯顿·李率领驱逐舰进入港口内，阻止一切敌军的登陆活动。同时，海军部发给他一篇新闻报道，内容是港口内已有一艘敌舰进入，并有小股部队登陆。电报其余内容如下：

> 向纳尔维克挺进，击沉并俘获敌舰。如果你认为现在能够从敌军手中夺回纳尔维克，可以考虑派遣部队登陆。

因此，舰长沃伯顿·李率领小型舰队中的五艘驱逐舰——"哈代"号、"猎人"号、"哈沃克"号、"霍特思珀"号和"敌忾"号驶入了佛斯特峡湾。在特拉诺伊的挪威领港人员告诉他，有六艘体型更大的敌舰和一艘潜艇已经进入了峡湾内，而且港湾入口处还布设了水雷。他发送电报汇报了这一情况，并说："预计进攻时间是清晨。"惠特沃斯海军上将收到了这封电报，考虑是否为了加强舰队的实力把麾下目前已经有所扩大的舰队派过去，但当时情况危急，他认为贸然干涉很有可能耽误行动。事实上，"声望"号是我们仅有的两艘战列巡洋舰之一，海军部也不打算在这种情况下让它去冒险。舰长沃伯顿·李收到从海军部发出的最后一封电报，内容如下：

> 德军可能已经控制了挪威海岸的舰艇，你可以自行判断是否在当前这种情况下发动攻击。不论你做出什么决定，海军部都会全力支持你。

他的回答是：

> 立即发动进攻。

4月10日，在一片迷雾和暴风雪中，这五艘英国驱逐舰启程驶入峡湾，于清晨时分到达纳尔维克港外。港内停泊着五艘敌军驱逐舰。在第一轮进攻中，"哈代"号向一艘挂着德国海军准将三角旗的军舰发射了鱼雷，准将当场死亡。敌军另一艘驱逐舰被两枚鱼雷击中沉入海底，而剩余的三艘被我方炮火压制，毫无反击之力。港内还停泊着各国二十三艘商船，其中五艘是英国商船，还有六艘德国商船也一并遭我军击毁。我方五艘前去参战的驱逐舰中，仅有三艘参与了作战。"霍特思珀"号和"敌忾"号留在峡湾内作为后备力量，以抵御海岸炮台的袭击和其他前来增援的德国舰艇。现在这两艘后备舰艇也加入了第二轮进攻，"霍特思珀"号发射鱼雷又击毁了两艘敌军商船。舰长沃伯顿·李的舰艇毫发未损。敌军也已经停止了炮击，经过了一个小时的战斗后，再没有敌舰向他发起攻击。

但现在，我们已然好运不在。在舰长沃伯顿·李结束第三次进攻返回时，看到从赫简斯峡湾驶来的三艘敌舰。敌舰并未急于靠近，在距我方还有七千码远时开始开炮射击。突然间，在一片浓雾之中又出现了另外两艘战舰。然而这两艘战舰并非是我们盼望的英国增援军舰，而是停泊于巴兰根峡湾的德国驱逐舰。很快，德国战舰上的重型大炮开始发挥威力，击毁了"哈代"号的舰桥，击伤了沃伯顿·李舰长，其麾下的官兵伤亡惨重，只有秘书斯坦宁海军少校幸免于难。随后，一颗炮弹在引擎室爆炸，这艘驱逐舰随之在猛烈的炮火下搁浅。"哈代"号舰长给舰队发送了最后一条电讯："继续与敌军战斗到底！"

就在这时，"猎人"号也遭敌军击沉，"霍特思珀"号和"敌忾"号双双受伤，与"哈沃克"号一起驶入公海。先前拦住它们去路的敌舰现在也无力阻拦。半小时之后，它们遇到了一艘自公海驶来的大型船只，后来证明这艘船正是德国运送弹药的"劳恩费尔斯"号，被"哈沃克"号击中后，很快就爆炸了。"哈代"号上的生还者拖着司令官的遗体，挣扎着游到了岸上，司令官后来被追授维多利亚十字勋章。舰长和牺牲的官兵给敌军造成了重创，在我国的海军史上留下了浓墨重彩的一笔。

* * *

9日，雷诺先生和达拉第先生偕同达尔朗海军上将飞抵伦敦，在下午召开了最高军事会议，就所谓的"针对挪威领海布雷行动，德国将有何反应"的问题展开讨论。张伯伦先生立刻指出，敌军所采取的行动是蓄谋已久的，与我们的行动并无关系。即便是在当时，这也是显而易见的。雷诺先生告诉我们，法国总统在当天早晨主持召开了法国军事委员会会议，会议决定如果德国发动进攻，从原则上来说，法国将进军比利时。法国认为除了缩短战线之外，还要增加十八个至二十个比利时师，这样无论如何都可以抵挡住德军的攻势。法国准备将这一行动与在莱茵河上投放浮雷的行动联系起来。他又说，从比利时和荷兰发来的情报可知，德国即将入侵低地国家。"即将"是多久，众说纷纭，有人说在几天内，也有的说是几个小时。

对于派遣远征军前往挪威的问题，战时国务大臣提醒军事委员会说，原本组织起来援助芬兰的两个英国师现在已经开往法国。英国国内仅有十一个营的兵力可供支配。其中两个营将于当晚出发。其余各营出于种种原因，三四天后才能启航。

会议同意派遣精锐部队前往挪威沿海能够登陆的港口，并制订了联合作战计划。法国派遣了一个师在两三天内登船开拔。我们在当夜能够调集两个营，三天内派出另外五个营，两周内再派出四个营，共计十一个营的兵力。如若英国还要向斯堪的纳维亚派遣更多兵力，则必须从法国抽调。我们要想方设法占领法罗群岛，还要向冰岛保证给予其保护。会议商定了如果意大利方面要进行干预，海军应如何部署的问题。会议还决定立刻向比利时政府提出紧急建议，让他们同意盟国军队进入比利时境内。最后会议确定，如果德国进攻西线或者入侵比利时，我方应当实施"皇家海军"作战计划。

* * *

我对挪威目前所发生的一切十分不满。我致信庞德海军上将：

> 德国已经成功占领了挪威海岸的所有港口，纳尔维克赫然在内，但要想把他们从任何一个港口驱逐出去都需要大费

周章。之前因为挪威坚持中立，而我们又尊重挪威的决定，故我们无法阻止这次残酷的突袭。但现在该改变观点了。我们必须接受这样一个不利局面，即我方北部基地离敌人更近，更容易受到空袭威胁，因此必须布设一个随时警戒的水雷区封锁卑尔根，把兵力集中到纳尔维克，要占领这个港口需要经过长期艰苦卓绝的战斗才行。

当务之急是在挪威海岸占领一两个加油基地，可供选择的地点极多，参谋部正在挑选最佳位置。如果我方能在挪威海岸找到一个基地，哪怕是临时的，对我们也大有益处，因为敌军现在在挪威海岸已经有了几处自己的基地，我们要是没有，恐怕行动很难进行。海军部参谋长正在各个可用的地点中选择一个合适的停泊处，既能防御又与内陆交通隔绝。在如今的新形势下，我们要是不能很快寻找到这样的基地，就无法与德国相抗衡。

我们同时要尽量利用在法罗群岛的便利条件。

我们必须拿下纳尔维克。虽然我方实力与敌军相去甚远，但我们有理由相信在这场旷日持久的重要战争中，敌军和我方一样也是消耗巨大。

1940 年 4 月 10 日

连续三日，来自中立国家的各种情报与谣言不绝于耳，德国大肆吹捧他们对英国海军的沉重一击，夸耀他们如何"巧施妙计"，撕破我方占优势的海军防线，一举夺下挪威。显而易见，德国已经捷足先登，这一切让人出乎意料，而且正如我写给第一海务大臣的信中提到的那样，敌军智胜我方。举国上下一片愤怒，而全国人民的怒气首先对准了海军部。故 11 日星期四，我不得不前往下议院，应付那些情绪激动、义愤填膺的议员们。我采用了最为有效的方法——不慌不忙、态度冷静地将事情的前因后果据实相告，着重说明敌人的阴谋诡计，这是我在应对这种情况时一向采用的措施。我第一次当众说明了自开战以来，由于德国滥用挪威走廊或所谓的"受掩护航线"，因而使我方处于劣势，并告诉他们我们最终是如何克服了种种顾虑，这些顾虑既造成了损失，也成就了我们的荣誉。

如果这些中立国家在遭到德国有计划的正式进攻前，对我们敬而远之，那么他们就没有理由谴责说从盟国获得的帮助和保护不够。正是因为挪威过于坚守中立立场，才会遭此大难，我们也因此只能给他们提供有限的援助。我认为挪威的遭遇会引发其他国家的思考：是否会在明天、下周或者下个月也同样落入德国周密的圈套之中，遭受德国的摧残和奴役，成为牺牲品。

我向议会描述了我国舰队近来是如何重新使用斯卡帕湾，又是如何立即采取行动拦截北部的德国舰艇。事实上，敌人已经处于被我国两支优势舰队夹击的局面。

但是，敌人还是逃脱了。可能你们打开地图，看到我国的旗帜飘扬在各个地方，就以为抓住敌人胜券在握，但是如果你们真的驾船在大海上行驶，就会发现那里是不一样的，大海浩瀚无垠，海上风暴肆虐，云遮雾绕，随着夜幕的降临，所有不确定的因素便会凸现出来，大家千万不能认为这种适用于陆军的作战条件，也同样适用于瞬息万变的海战。制海权并非意味着在同一或者某一时刻掌控整片海洋的每一个角落。制海权仅仅意味着，我们可以随意选择作战区域内的任何一处地方进行战斗，也就意味着我们可以自由地在任何一片海域开战。而那种为了抵御希特勒的袭击，把力量耗费在挪威以及丹麦海岸的接连不断的巡逻上、听任皇家海军的舰艇成为敌方潜艇的袭击目标的想法，真是愚蠢之极。

接着我向下议院传达了我刚刚得知的消息即"声望"号在星期二与敌舰交锋，英国舰队在卑尔根附近海域遭到空袭，还特别讲到了英军舰长沃伯顿·李闯进纳尔维克作战一事，他们听了我的汇报，逐渐接受了这些事实。会议接近尾声时，我说：

> 大家必须认清德国将所有舰队投入野蛮的海战之中，这是一种多么不合情理而又鲁莽草率的赌博行为，仅仅因为一个行动便押上了所有的赌注。德国这种极其草率的行为让我感到，现在这些代价惨重的战役也许只是一个铺垫，一个为今后陆地上更为严峻的事件而吹响的前奏。我们目前似乎已经遇到了开战以来的第一次大搏斗。

一个半小时后，下议院的态度似乎不再那么冷漠疏远了。不久又发生了许多值得一叙的事情。

* * *

4月10日早上，"厌战"号战列舰加入总司令麾下，一起向纳尔维克进发。当得知舰长沃伯顿·李将在黎明时分发动进攻，我们决定进行第二次尝试。"佩内洛普"号巡洋舰奉命在驱逐舰的协助下，吸取今天早晨袭击的教训，伺机进攻。但命令下达时，"佩内洛普"号正在根据情报，搜寻我军在博德港发现的敌军运输舰，不幸搁浅。第二天（11日），"暴怒"号派出俯冲轰炸机空袭了纳尔维克港内的敌军舰艇。虽然当时天气条件恶劣，能见度极低，但此次空袭拼尽了全力，最终以损失两架轰炸机为代价击中了敌方四艘驱逐舰。这远不及我们的预期。我们迫切地需要纳尔维克，就算不能得手，至少也要肃清港内的德国海军。战争的高潮已近在眼前了。

宝贵的"声望"号没有参与此次袭击。惠特沃斯海军上将把"厌战"号改为旗舰，于13日中午时分，在九艘驱逐舰和"暴怒"号派出的俯冲轰炸机保护下进入了峡湾。峡湾内并未发现水雷，驱逐舰赶走了一艘敌军潜艇，"厌战"号上的"剑鱼"式鱼雷轰炸机还击沉了另一艘敌军潜艇，此外，该机还侦察到有一艘德国驱逐舰正隐匿于某个入口处，企图用鱼雷袭击我方战列舰。很快这艘驱逐舰也被我军击沉。下午一时三十分，就在我方舰艇穿越峡湾，驶到离纳尔维克只有十二英里远的水域时，前方的迷雾中出现了五艘敌军驱逐舰。刹那间，敌我双方展开了一场激烈的战斗，我方所有舰艇调动迅速、炮火齐发。"厌战"号发现岸上的炮台都已被炸毁，迅速加入到战斗中。舰上十五英寸口径的大炮发出震耳欲聋的声音，响彻四周的群山，宛如丧钟。敌我力量相差悬殊，德军节节败退，整个海战分散成数个小型战场。我方部分舰艇驶进了纳尔维克港，完成了摧毁任务，其他舰艇则在"爱斯基摩"号的带领下前往罗姆巴克斯峡湾上游，追击躲避在该处的三艘敌舰。"爱斯基摩"号的舰艏遭鱼雷击伤。这是在纳尔维克港外发生的第二次海战，先前从舰长沃伯顿·李手中逃走的八艘敌军驱逐舰，这次全部被击沉或击毁，而我方未折损一兵一卒。

　　海战结束之后，惠特沃斯海军上将想派一支由海军陆战队组成的先遣登陆部队上岸夺取纳尔维克，他认为在短时间内应该不会遇到抵抗。如果英军"厌战"号的炮火不能掌控局势，那么人员数量上占有优势的德军必定会反扑。惠特沃斯海军上将考虑到来自空中以及敌军潜艇的威胁，认为不宜将这艘性能优良的舰艇暴露在外。下午六时出现了十二架德军飞机，这更加坚定了他的想法。次日清晨，在驱逐舰安置好舰上伤员后，他下令立即撤退。他说："我认为，纳尔维克的敌军，在今天的行动后肯定会大受震动。我提议马上派遣先遣部队上岸占领该地。"另外还有两艘驱逐舰留在港口外警戒，静观事态变化，其中一艘驱逐舰还救起了"哈代"号上落水的生还者，当时他们已经爬到了岸上等待救援。

＊　　＊　　＊

英王陛下生性喜爱海军，此次英、德海军在北部海域的战斗激起了他的海军情结，因此给我写了这封鼓励的信：

亲爱的丘吉尔先生：

就最近发生在北海的战事，一直以来都想和您讨论一二。因为我自己也是海军出身，自然对其兴趣极大。我一直告诫自己不能占用您的时间，更何况您还兼任了协调委员会主席一职，责任重大，必定辛苦。可是无论如何，我很希望只要当前局势稍有稳定，您就能前来与我一叙。同时，我还要向您道贺，在您的带领下，海军出色地完成了抵抗德国侵略斯堪的纳维亚的任务。虽然形势危急，但希望您能珍重身体，尽量设法多加休息。

你真挚的国王乔治
白金汉宫
1940 年 4 月 12 日

第五章
FIVE
纳尔维克

希特勒对挪威的暴行——挪威人的反抗——向盟国呼吁——瑞典的处境——远征纳尔维克——直接进攻的问题——麦克西将军的反对——建议围攻纳尔维克港——讨论特隆赫姆计划

挪威人民世代质朴，一直从事贸易、航运、渔业以及农业活动，不管全球政治环境有多么动荡，他们从不参与其中。从前北欧维京海盗活动猖獗，曾占领或劫掠了当时世界上大部分为人们所知的地区，但那样的时代已经一去不复返。百年战争、三十年战争、威廉三世与马尔伯勒之战、拿破仑政变以及之后的各种战争，挪威都置身事外，未受影响。大部分的挪威人民迄今为止只想保持中立。对于生活在这样一个国家——军队规模小，一半的国土都在北极圈内，人民唯一的愿望就是能在位于亚寒带的高山连绵的国土中安居乐业，而现在他们却成了德国发动新一轮侵略战争的受害者。

多年来，德国一直对挪威表现出"真挚的同情"以及"友好之谊"。第一次世界大战结束后，几千名德国儿童在挪威人民的帮助下得到了食物及安身之处。现在他们长大了，很多人却成了狂热的纳粹分子。甚至有个名叫吉斯林的陆军少校，竟带着几个年轻人，在挪威模仿再造了一场小型的法西斯运动。过去的几年里，大量挪威人还受邀参加了在德国召开的北欧民族会议。德国的演说家、演员、歌唱家以及科学家也都曾前往挪威，共同促进两国文化的发展。但实际上所有这一切都是希特勒军事计划的一部分，目的是让挪威人民能够接受希特勒广泛散布于挪威内部的亲德阴谋。在希特勒的军事计划中，每一位德国外交官、领事馆工作人员或每一个德国采购代理机构都要受德国驻奥斯陆公使馆的指示从事各种阴谋活动。德国已经犯下的罪行和正在谋划的阴谋，与当年的西西里晚祷战争对法国侨民的屠杀和圣巴托洛缪大屠杀相比，真是有过之而无不及。挪威国会议长卡尔·汉布罗曾写道：

> 从波兰以及后来荷兰与比利时的例子来看，德国与他们都曾互换照会，也都下达过最后通牒。但挪威和他们的情况不一样，德国披着"友善"的外衣，既不宣战，也不警告，就企图在一个黑夜悄无声息残忍地将其消灭掉。比起德国入侵更让挪威人惊恐的是，此刻他们才意识到这个多年来一直"友好"的强国，突然间就变成了与挪威势不两立的死敌。那些曾经和他们有过密切贸易或技术交流的人，那些曾经热情邀请来家里做客的德国男女，居然都是间谍和破坏分子。挪威人民最为震惊的不是德国违反条约和国际义务，而是多年来的德国朋友一直在暗度陈仓，制订最为详尽的计划入侵并奴役他们的国家。

挪威的国王、政府、军队和人民一旦明白了正在发生的一切，会马上怒不可遏，但一切都为时已晚。过去，德国人不断地渗透和大肆宣传，不仅蒙蔽了挪威人民的双眼，而且还削弱了他们现在的抵抗能力。吉斯林少校已经在被德国人控制的电台上发表讲话，成为这片被征服的土地上的亲德统治者，但几乎所有的挪威官员都拒绝为他效力。陆军已经集结，可以立即出发，在鲁格将军的带领下与从奥斯陆向北逼近的侵略军作战。能够得到武器的爱国主义者则驻守在山林地带。国王、政府部门、议会首先撤到了距奥斯陆一百英里的哈马尔。但德国装甲车紧随其后，疯狂追击，敌机惨无人道地从空中投掷炸弹，并用机枪进行扫射，企图将他们一举歼灭。即便如此，挪威政府依旧继续向全国发布命令，号召人民殊死抵抗。挪威人民目睹了德军令人毛骨悚然的血腥镇压后，要么就茫然不知所措，要么就悲哀地投降。挪威半岛长约一千英里，人烟稀少，铁路交通不便，北部更是如此。希特勒攻占挪威的速度之快，从战争与政策层面来看，是一个奇迹，但同时也是一个永远无法磨灭的印记，表明了德国是一个极其恶毒、残暴的国家。

　　挪威政府之前出于对德国的畏惧，对我们冷眼相待，现在他们却迫切地向我们寻求援助。但从一开始，我们就显得无力援助北挪威。我们所有受过训练的部队和大部分受过部分训练的部队都已派往法国。我方虽数量有限但不断增加的空军力量，也已全部奉命前往支援英国远征军、保护国内安全或继续接受严格训练。高射炮用来保卫易受攻击的重要地点，但其全部数量还不及需求量的十分之一。即便如此，我们仍决定必须要倾尽所有援助挪威，哪怕我们的计划因此受到严重干扰，我们的利益因此受到严重损失。为了保卫整个盟国的事业，我们一定要夺取纳尔维克，也一定能够保卫纳尔维克，因为挪威国王很有可能会在这里扬起自己不屈的旗帜。我们也要努力占领特隆赫姆，这样在重新占领纳尔维克并将其作为基地之前，我们至少可以拖延侵略军从北部逼近的脚步。由此看来，要保卫这个基地，与其调动陆军翻越五百英里的山地前来支援，不如从海上调动军队进行援助。而对于援助和保卫纳尔维克以及特隆赫姆所能采取的一切措施，内阁都深表赞同。从芬兰行动中撤退出来的军队和我们为纳尔维克预留的精锐部队很快便能整装待发，但是他们缺乏飞机、高射炮、反坦克炮、坦克以及运输工具和训练。整个北挪威覆盖在我方所有部队前所未见、闻所未闻的皑皑白雪之中。我们既没有雪地靴又没有雪橇，会滑雪的人更是少之又少。即便这样，我们也将不遗余力援助挪威。从此，这场准备匆忙的战役便拉开了帷幕。

＊　　　＊　　　＊

　　我们完全有理由相信，瑞典会成为德国或苏联的下一个袭击目标，甚至遭到德、苏两国联合入侵也不无可能。如果当时瑞典伸手援助了陷于苦难的邻邦挪威，那么军事形势将暂时有所改观。瑞典有一支精锐之师，要援助挪威易如反掌。他们可以在德军抵达之前于特隆赫姆集结大批兵力，我军可以在那里与他们会师。但是，在接下来的数月内，瑞典的命运将如何发展？如果希特勒加以报复，瑞典将遭到毁灭性的打击，而苏联巨熊又将随时从东部进发继续伤害瑞典。从另一方面看，瑞典可以在即将到来的夏季为德国提供所需的铁矿石以寻求中立。瑞典人现在不得不面临两个选择即保持中立免受侵略或者惨遭征服。英国作为一个岛国，虽抱有一腔打败德国法西斯的热诚，但却尚未做好充分的战前准备，我们断不能因为挪威没有从我们的立场出发考虑问题而对其横加指责。

4月11日早上的内阁会议结束后，我写了以下节略，对我们为了照顾小国利益以及遵循国际法而做出的牺牲进行合理的解释：

首相致外交大臣：

对于今天早晨讨论的结果以及我个人提出的意见，我都感到不甚满意。实际上我们需要的是瑞典放弃中立，而立即对德宣战。我们不需要向瑞典提供我们原本预留给芬兰计划的三个师，或在战争持续期间保证供应瑞典充足的粮食，或在斯德哥尔摩遭轰炸时我们一定前去轰炸柏林等。因为现在就押下这些赌注实在太不值得。另一方面，我们应竭力鼓励瑞典参战，我们要向瑞典做出保证，我们会尽己所能对他们施以援手。我们的军队将在斯堪的纳维亚半岛积极地展开行动，我们会将瑞典视为友邦共同进退，绝不会抛开它单独或在它还没有恢复实力之前与德国和谈。我们是否已经敦促英法军事代表团在瑞典问题上持有同样的观点？如果没有，我们还有时间可以补救。此外，我们在斯德哥尔摩的外交活动也应该积极展开。

我们应该记住，如果我们提议由我们来保卫耶利瓦勒铁矿，瑞典人都会说"敬谢不敏"。因为他们自己轻而易举就

可以做到。瑞典真正的问题在于南部，但是我们很难给予帮助。然而，如果我们能向瑞典保证，表明我们将尽快派遣主力部队打通从大西洋经过纳尔维克通往瑞典的路线，并向他们保证我们计划逐一肃清瑞典海岸的德国据点，以便打开通往其他地方的通道，这样或许会对瑞典改变态度参加对德作战有所帮助。

如果大战在佛兰德①爆发，德国将无暇顾及斯堪的纳维亚半岛，但是如果德国不在西线发动攻击，我们可以根据德国从西线撤出的兵力，抽调一部分我方士兵前往斯堪的纳维亚半岛进行支援。我认为，既然法国有意劝说瑞典人参战，我们就不应该泼冷水。如果听任瑞典继续保持中立，任凭德国沿着波的尼亚湾从耶利瓦勒运送铁矿石，借以笼络德国，这将是最为糟糕的局面。

十分抱歉在今早的会议之前，我对这个问题并没有充分地了解。当我进来参加会议时，讨论已经开始了，而且我也没有把自己的意思表达得十分清楚。

外交大臣的复信有理有据，令我折服。他说他和首相对于我的观点基本赞同，但对于我所主张的向瑞典交涉的方法表示怀疑。

根据我们从瑞典方面所获得的情报来看，不论我们提出什么建议，只要被瑞典人解读为我们企图拖他们卷入战争，其结果恐怕都可能会与我们最初的预想背道而驰。他们的直接反应可能会是，英方尚未在挪威海岸获得一个或多个立足点，现在设法要他们来做我们自己做不到或者不愿做的事，这对他们来说是根本不可能接受的事情。因此，提议的结果

---

① 佛兰德，比利时西部的一个地区，传统意义的"佛兰德"亦包括法国北部和荷兰南部的一部分。——译者注

对我们来说肯定是弊大于利。

1940 年 4 月 11 日

＊　　　＊　　　＊

几天前解散的纳尔维克远征军仅是一支规模很小的队伍，现在要重新集结十分容易。英军的一个旅及其辅助部队将立即开始登船，第一批护送舰艇将于 4 月 12 日起航前往纳尔维克。一两个星期以后，法国阿尔卑斯山地部队①的三个营和其他法国部队也将前往纳尔维克。纳尔维克北部还驻有挪威军队，可以协助我们登陆。麦克西陆军少将于 4 月 5 日奉命指挥所有可能派往纳尔维克的部队。麦克西所接到的命令，对于挪威这个被要求向我们提供某种便利的友好中立国家而言，措辞并无不妥。训令的附录，对于轰炸一事做出了以下指示：

> 在一个人烟稠密的区域内，如果不能精准地确定其具体方位，即使知晓合法的轰炸目标就在那里，也绝不能进行轰炸。否则，这显然就是违法的。

面对德国的猛烈进攻，4 月 10 日，我们又向麦克西将军发出了更为强硬的新命令。这些命令使他有更大的行动自由，但是上述指示内容依旧不变。内容如下：

> 英王陛下政府以及法兰西共和国政府已经决定派遣野战部队前往挪威北部与那里的德军作战。这支野战部队的目标是将纳尔维克地区的德军驱逐出境，占领纳尔维克。你的初步任务是将部队驻扎在哈尔斯塔②，保证同可能尚在当地的

---

① 世界著名的山地部队，部队内编有步兵、装甲骑兵、伞兵等。——译者注
② 哈尔斯塔，位于挪威北部，坐落于西奥伦群岛东部的欣岛上。——译者注

挪威军队取得联络，并为今后的进一步行动收集所需情报。
虽然并不需要强行登陆，但你们可能会被误认为是敌军，而
遭遇对方的抵抗。因此，不要轻易放弃登陆作战部署，要采
取适当措施让他们知道你们的国籍。是否应该登陆，应由海
军高级军官和你商量后再做决定。如在哈尔斯塔无法登陆，
应该设法在其他适宜的地点再做尝试。当你拥有足够的兵力
时，必须立即实施登陆。

同时，帝国总参谋长艾恩赛德将军在写给麦克西将军的一封私人
信件中说：

> 你也许有机会利用海战，如果机会来了，必须抓住，大
> 胆行事。

从某种程度上说，这个命令下达的语气与平时的正式命令有所
不同。

在对波罗的海战略展开积极讨论的漫长的几个月里，我与寇克·
奥勒利勋爵的关系日益密切。虽然关于"凯瑟琳"计划，我们之间的
见解略有不同，但他和第一海务大臣的关系，也就是我们之间的关系，
依旧十分融洽。根据自己长期且艰苦的经历，我完全明白脑力思考与
实际执行之间的差距：将事务的设想和计划大胆地写在纸上，以便对
其进行探索和检验，这是一种脑力思考；而亲自实施并完成这些设想
和计划，则是一种实际执行。庞德海军上将和我，从略微不同的角度
看问题，都认为应当由科克勋爵领导海军冒险在北方进行此次海陆两
栖作战。我们二人都极力劝他不要因为害怕风险而犹豫不决，应当奋
勇向前，一举夺得纳尔维克。对此，我们进行了充分的讨论，并且达
成了完全一致的意见，破例给了他便宜行事的权利，但没有下达任何
书面命令。他清楚地知道我们需要什么。他在报告中说道："我离开伦
敦时，头脑非常清晰，英王陛下政府迫切希望能够尽早将敌人赶出纳

尔维克。我知道我要尽快行动，早日完成这项任务。"

此时，我们的参谋工作并没有经受战争的考验，除了我刚开始主持的军事协调委员会的会议外，各个军事部门的行动缺乏一致的步骤。作为委员会主席的我和海军部，都不知道陆军部给麦克西将军命令的内容，而海军部给科克勋爵的命令也是口头发出，所以没有书面文件可送至陆军部参考。尽管两个部门的命令都是基于同一个目的，但在措辞和侧重点上多少会有所不同，前不久陆军司令和海军司令发生的意见分歧可能与此有关。

4月12日夜，科克勋爵乘坐"曙光"号从苏格兰的罗赛斯高速破浪前进。他希望在哈尔斯塔与麦克西将军会面。哈尔斯塔是一个位于瓦格斯峡湾欣诺伊岛上的小型海港，虽然距离纳尔维克约有一百二十英里远，但已被选作军事基地。14日，科克勋爵收到了惠特沃斯上将从"厌战"号上发来的电报，电报中说："我十分确定，目前直接发动袭击便可攻占纳尔维克，不用担心登陆时遇到顽强抵抗。我认为只要一小支主力部队便可将其拿下。"科克勋爵因此改变了"曙光"号的航向，驶往罗弗敦群岛的希尔峡湾，从侧面进攻前往纳尔维克的通道，同时命令"南安普敦"号前往该处和他会合。他的目的是组织一支部队，立刻进攻纳尔维克，包括"南安普敦"号装载的苏格兰卫兵两个连、"厌战"号以及其他已经位于希尔峡湾的其他舰船上的水兵与陆战部队。但科克勋爵只能通过海军部与"南安普敦"号取得联络，这难免会延误作战行动。在海军部的答复中有这样的话："我们认为你必须与麦克西将军会合，采取一致行动。只有你们协同一致，才能发动袭击。"于是，科克勋爵驶离了希尔峡湾，率领运送第二十四旅的护航队前往哈尔斯塔，并于15日早晨抵达港湾内。科克勋爵的驱逐舰击沉了在附近游弋的第四十九号德国潜艇。

科克勋爵现在竭力敦促麦克西将军把握住全歼德国海军的机会，尽早进攻纳尔维克，但麦克西将军回复说，敌人正以机关枪阵地坚守着港口，同时还指出，他的运输舰所装载的部队与物资不是为了进攻，而只是为了实施无抵抗的登陆。他在哈尔斯塔的旅馆设立了司令部，他的军队开始在附近登陆。第二天，他汇报说，根据所得的情报，在纳尔维克登陆绝无可能性，即便在海军炮火的掩护下，也不可能成功。科克勋爵认为凭借强大的炮火，部队可以免遭巨大的损失登陆纳尔维克。但麦克西将军却不同意，并以他接到的命令为借口，不同意登陆纳尔维克。我们海军部方面则竭力主张尽快进攻。由此，海陆两军的首脑们一时陷入了僵局。

此时，天气骤变，突降大雪。面对这种情形，我方部队既无装备，又无受训经历，似乎一切行动都陷入了瘫痪。同时，纳尔维克的德军利用机关枪将我方日益扩大的军队阻拦在了海湾之外。这是我们事先没有预料到的严重障碍。

* * *

在这场临时准备的战役中，大部分事务都是由我经手，因此，我更希望尽可能用我当时的言辞将它们记录下来。首相十分希望我军能够占领特隆赫姆以及纳尔维克，战时内阁也有着同样强烈的愿望。此次行动代号为"莫里斯"，很有可能成为一次伟大的战役。军事协调委员会4月13日的记录如下：

> （我）生怕人们提出的建议，可能会削弱我们企图攻占纳尔维克的决定。我们不允许有任何障碍来阻挠我们夺取纳尔维克的决心。我们的进攻计划十分详尽缜密。如果不加变动地按照计划实施，成功的概率很大。另一方面，由于进攻特隆赫姆带有很大的投机性质，因此在我们没有完全占领纳尔维克以前，任何调遣法国阿尔卑斯山地部队去该地的提议，我都不会表示赞同。我们要靠自己的努力，如若不然，我们或许会发现英国军人在挪威沿岸从事的战斗行动都毫无成效，没有一个会成功。
>
> 同时，我们也考虑了特隆赫姆地区的行动，并已制订了

作战计划，以确保我们必须要进行大规模战斗时，在那里拥有所需的登陆点。在那天下午，海军将在挪威城镇纳姆索斯举行小规模登陆。帝国总参谋长已集中了五个营的兵力，其中两个营可以在4月16日在挪威沿岸登陆。如有必要，也可在4月21日增派另外三个营。确切的登陆点会在当晚做出决定。

麦克西将军最初接到的命令是，在纳尔维克登陆后，要迅速向耶利瓦勒铁矿区推进。但现在，他又收到命令不得越过瑞典边境，因为如果瑞典态度友好，那么我们便不必担忧铁矿区，但是如果瑞典对我方怀有敌意，那么占领矿区的困难未免太大了。

我继续说：

我们也许有必要围攻纳尔维克的德军。但是我们必须进行非常坚决的战斗，不能只是摆摆样子。基于此，我愿意给法国发去电报，告诉他们我们希望并且认为如果发动奇袭，便可以成功占领纳尔维克。同时，我们还要说明，因为训令有变，现在不需要越过瑞典边境去展开攻击，所以围攻纳尔维克将会变得更加容易。

战时内阁决定同时进行纳尔维克和特隆赫姆行动。有先见之明的战时国务大臣警告我们，为了增加在挪威的兵力，也许很快就必须从驻守法国的部队中抽调兵力，并建议我们尽快向法国说明此事。我同意这一观点，但感觉时机尚未成熟，认为在一两天内还没有和法国商洽的必要。战时内阁也接受了这一观点。同时，战时内阁还批准了另外一个建议即把我们要重新占领特隆赫姆和纳尔维克的意图，通知瑞典和挪威两国政府。我们认为特隆赫姆是一个极其重要的战略中心，但夺取纳尔维克作为海军基地也是十分重要的。此外我们还要说明，

我们无意让军队越过瑞典边界。同时我们也希望法国政府予以同意，让我们放手使用阿尔卑斯山地部队，派遣他们到纳尔维克以外的地方作战，并把我们告诉瑞典和挪威两国政府的所有信息通报了法国。我和斯坦利先生都不赞同分散兵力。除了在其他地方做牵制性的进攻外，我们仍有意集中兵力进攻纳尔维克。但我们听从了多数人的意见，这种意见也并不是完全没有道理。

＊　　　＊　　　＊

16 日至 17 日的夜晚，纳尔维克传来了令人失望的消息。麦克西将军似乎不愿在舰队近距离的炮火掩护下实施直接进攻，攻占纳尔维克。科克勋爵也无法动摇麦克西的想法。我向委员会讲述了当时出现的情形：

1. 科克勋爵的电报显示，麦克西将军提议在纳尔维克入口处占据两处未落入德军掌控的地方，并驻守在那里以待冰雪融化，也许要等到本月月末。麦克西将军希望能够把法国第一阿尔卑斯山地部队的半个旅的兵力归他调遣，这当然是办不到的。这种政策意味着我们要被牵制在纳尔维克前方数周之久，与此同时，德国人将会宣称他们已经成功地牵制住我们，而纳尔维克依旧是他们的地盘。这对挪威和中立国家都将造成极大的伤害。此外，德国会继续在纳尔维克修建防御工事，一旦时机成熟便发动战争，到时我们将要付出更大的气力方能将其攻下。有关麦克西将军的这个消息一经传出，立刻引起了震惊与不快。随着许多士兵患病身亡，陆军力量中这支最为精良的正规旅将会因此而被白白浪费掉，无法发挥作用。我们在考虑是否将以下电报发送给科克勋爵和麦克西将军：

"你们的建议，会在纳尔维克造成不利的僵局，还会使得

我方的一支最精良部队无用武之地。我们无法向你派遣阿尔卑斯山地部队。'厌战'号将在两三天内派往需要的地方。因此，你应当仔细考虑是否要在'厌战'号和其他驱逐舰的掩护下立刻进攻纳尔维克，这些舰艇也很可能很快被派往罗姆巴克斯峡湾执行任务。占领这个港口对我们来说将是一个重要的胜利。我们希望你们能说明理由，为什么进攻纳尔维克是不可能的，并一同告诉你们估计在海边遭到的抵抗将达到何种程度。请速速回复，此事万分紧急。"

2. 第二个需要决定的是，法国阿尔卑斯山地部队是否应改为直接在纳姆索斯与卡顿·德·维阿尔特将军会合，还是要越过纳姆索斯和卡顿·德·维阿尔特将军会合？简单地说，是否应该留在斯卡帕湾，到了 22 日或者 23 日，会同其他军队一起参加特隆赫姆这一重大战役？

3. 第一四六旅的两个营将于今天黎明前在纳姆索斯和班德桑德登陆。"克劳布里"号上的第三营将于明天迎着凶险的海况前往纳姆索斯。如果一切顺利，将于黄昏前后抵达。整个下午，利勒约纳斯港的停泊处都遭到了敌军的轰炸，所幸两艘运输舰未被击中，重达一万八千吨的大型运输舰已经卸货，现在正在返回斯卡帕湾的途中。如果要调遣阿尔卑斯山地部队的先头部队前往纳姆索斯作战，他们应当直接前往该地，而不是先去利勒约纳斯港会合。

4. 是否有充足的部队作为主攻力量派遣到特隆赫姆作战，这个问题今天也必须做出决定。有待集结，即有待装备的两个护卫营恐怕无法按时准备就绪。法国外籍军团的两个营恐怕不能如期到达。但法国有一个正规旅可在 20 日准备就绪从罗赛斯出发。法国阿尔卑斯山地部队也可如期抵达。加拿大派遣了一千人前来助战。此外，还有一个营的本土防卫队。这些兵力的数量是否足以压倒特隆赫姆的德军？如果有所拖延，将危险至极，此处便不再赘述。

5. 英国舰队总司令于 18 日返回斯卡帕湾，霍兰德将军将携带完整的决议于今晚动身，前去与他会面。毫无疑问，海军部将十分乐意执行运送部队前往特隆赫姆的任务。

6. 为了占领昂达耳斯内斯①，也许会在今晚或明天黎明时发起战斗。我们希望用巡洋舰"加尔各答"号运送一支先遣部队登陆，并且正在调动足够的巡洋舰，准备在黎明时应对敌方五艘驱逐舰可能发动的袭击。

7. 自今日清晨开始，海军将会以排炮对斯塔万格机场进行轰炸。

4 月 17 日

军事委员会同意了这封电报，于是将其发送了出去。然而，电报发出去后并未起到任何作用。这次袭击成功与否将始终是一个观念问题。这场袭击虽然不需要在雪地中行军，但是要在纳尔维克港和罗姆巴克斯峡湾内从毫无掩护的船只上，冒着敌人的机枪扫射强行登陆。我寄希望于这艘巨舰，希望它能提供近距离火力支援，摧毁敌方海岸阵地，轰炸德军的整个机枪阵地，使得敌军阵地浓烟滚滚，满是被炮弹激起的积雪和泥土。适合这一战场的高爆炮弹已经分发至战列舰和驱逐舰。当然，科克勋爵既在战场上，又了解炮弹的特点，因此他十分同意展开袭击。我们有超过四千名包括护卫旅和海军陆战队在内的精锐正规军。一旦他们成功登陆，就会和防守的德军兵戎相见，而德国正规军的数量，除遭击沉的驱逐舰上获救的士兵外，预计不到我军数量的一半，现在证明我们当时的估计是正确的。如果这样的力量对比发生在第一次世界大战中的西线，那将是十分有利的形势，而这里又没有新的因素产生影响。在后来的战争中，我们发动此类袭击有几十次之多，往往大胜而归。此外，发送给司令们的训令都是语言简明、措辞强硬，而且明显考虑到了意外损失，所以他们应当是服从的。如

---

① 挪威西部村镇。在罗斯达尔湾顶，劳马河口。——译者注

果进攻遭到重大挫折，责任只由国内当局，也就是我，进行承担。我乐于承担责任。但是，无论是我、我的同僚抑或是库克勋爵说什么、做什么都无法动摇麦克西将军的决定。他一心想等待冰雪消融。对于轰炸一事，他引用了自己收到的训令中不得伤害平民这一部分的内容对我们加以反击。我方的态度如此，反观德军却是长期规划，不惜以士兵的生命和舰艇损失为代价孤注一掷，以近乎疯狂的姿态进行战斗，而这为他们赢得了一场又一场的胜利，相比之下，我方在战争中遇到的种种不利因素是显而易见的。

第六章

SIX

特 隆 赫 姆

"铁锤"作战计划——本土舰队总司令的态度——陆军司令官人选——一连串意外事件——参谋人员转变态度——计划的变更——罗杰·凯斯爵士的愿望和成就——4月19日给军事协调委员会的报告——放弃"铁锤"作战计划——4月20日谈进攻纳尔维克的紧迫性——伊斯梅将军的总结报告

如果特隆赫姆处于我们掌控之下，必然可以成为我们在挪威中部展开重大行动的关键。因为占领该地就意味着我方获得了一个安全港口。由于港口建有码头与船坞等设备，因此我们能够以此为基地，组建一支人数达五万或更多的军队。在港口附近还有一座机场，数个战斗机中队都可以从那里起飞去执行任务。我们占领特隆赫姆后，还可以与瑞典建立直接的联系，从而极大地增加瑞典参战的概率。此外，如果瑞典遇袭，也可极大提升特隆赫姆与瑞典之间的互助程度。也只有从特隆赫姆出发，才有把握拦截由奥斯陆向北进军的德军。如果希特勒的目的地是挪威中部，那么基于政策与战略方面的广泛因素来看，在此与德军展开最大规模的战斗对盟国比较有利。纳尔维克远在北方，占领特隆赫姆后，我们可随时向该地发起进攻，攻陷该城，并一直保卫该城。海上方面，我们拥有强有力的制海权。至于空中方面，如果我们能够在挪威机场站稳脚跟，即便在敌我双方均受对方严格限制的情况下，我们也应毫不犹豫地尽一切可能与当地德国空军展开任何形式的较量。

以上理由成功说服了法国军事委员会与英国战时内阁以及他们的大部分顾问。英国首相和法国总理对此看法也完全一致。根据德国由

西线抽调开往挪威的军队数量，甘末林将军愿意抽调同等数量的法军或是驻守法国境内的英国军团开往挪威。显然他十分欢迎在特隆赫姆以南的地区展开一场大规模的持久战，因为该地区几乎每个地方都具有得天独厚的防守优势。看来如果我们穿过公海，途经特隆赫姆，把军队和补给品运抵作战地点，一定会比德军由奥斯陆出发，沿着唯一的公路和铁路向北进军迅速得多，而且他们后方的公路和铁路随时有可能被炸弹或空降部队切断。我们面临的问题是：能否成功地占领特隆赫姆？能否赶在敌军主力部队从南面抵达特隆赫姆之前到达？为了顺利完成任务，我们能否在敌军强大的空中优势下，获取哪怕是短暂的休息时间？

由于所有人都对攻占特隆赫姆的意义十分清楚，因此赞同进攻特隆赫姆的观点纷至沓来，连内阁之外的人士也纷纷表示支持。在过去的几天，公众、俱乐部、报纸以及军事通讯员一直在讨论这个问题，畅所欲言，各抒己见。我的好朋友，海军元帅罗杰·凯斯爵士主张打通达达尼尔海峡，他同时也是泽布勒赫之战的英雄和胜利者。他强烈希望能率领本土舰队或其部分舰队摧毁炮台，进入特隆赫姆峡湾，从海上登陆，攻下特隆赫姆。他不断以口头和书面形式敦促我回想一下达达尼尔海峡战役。他认为如果那次战役没有受到那群胆小如鼠的人的蓄意阻挠，我们本可以轻而易举地打通该海峡。攻打达达尼尔海峡的教训让我也思考了许多。我们必须承认，与当时攻打达达尼尔海峡相比，特隆赫姆的炮台以及在该处布设的水雷区实在是微不足道。从另一方面看，由于现在有了飞机，敌方便可以把炸弹投掷到英国少数没有防空火力的巨型军舰的甲板上，而正是这些军舰组成了英国的海军力量。

在海军部，第一海务大臣与海军参谋部在这一冒险行动面前决不会退缩。4月13日，海军部正式将最高军事会议计划派遣军队攻占特隆赫姆的决定通知了总司令，并以积极的态度向总司令提出是否应该出动本土舰队打开这条通道。

你是否认为（接上文）我军可以摧毁或是占领海岸炮台以便运输舰驶入港内？倘若如此，你认为应该使用哪种类型的舰艇，需要多少艘？

关于此事，福布斯海军上将立即要求获得特隆赫姆防务的详细情况，他表示说，如果战列舰拥有足够的特种炮弹，便可能在白天摧毁或占领岸上的炮台，但问题是当时本土舰队的舰艇上都没有装载这类炮弹。福布斯海军上将说，现在的首要任务便是要保护运兵船，使其在穿过入口处长达三十英里的狭窄海域时，避免受到敌军的猛烈空袭。其次，是实施强行登陆，关于该行动的危险性已经提出了充分的警告。在现有条件下，福布斯海军上将认为这一作战计划并不可行。

海军参谋部坚持己见，海军部在我反复的敦促下，于4月15日答复如下：

我们仍然认为应对上述作战计划做进一步的研究。这个作战计划在七日内无法实施，其原因是在此期间，我们要全力进行细致的作战准备工作。因为一旦大型运输舰进入危险区域，不论身在何处，来自空中的危险是不会减少的。鉴于以上原因，我们打算除了派英国皇家空军轰炸斯塔万格飞机场外，另派"萨福克"号使用高爆弹轰炸该机场，希望借此瘫痪该机场。至于特隆赫姆的机场，可以先用海军航空兵部队的轰炸机进行轰炸，然后再进行炮击。我们已下令将适用于十五英寸口径大炮的高爆弹运往罗赛斯，"暴怒"号和第一巡洋舰分舰队将承担这个任务。恳请你对这个重要计划再做进一步的考虑。

福布斯海军上将虽然不能完全相信这一计划的稳妥性，但与此前相比，这封电报使他对该计划有了一个更为支持的态度，不像之前那样抵触了。在之后的一次复电中，他说，据他预计，就海军方面而言，在执行登陆任务时，除了无法提供空军掩护运输舰艇外，不会有太大的困难。海军方面则是由"英勇"号和"声望"号担任"光荣"号航空母舰的防空工作，由"厌战"号承担轰炸任务，此外还需要至少四艘配有防空炮火的巡洋舰和大约二十艘驱逐舰。

*　　*　　*

正当我们紧锣密鼓地推进由海上正面进攻特隆赫姆的计划时，另外两个旨在从特隆赫姆陆地一侧包围该城的辅助性登陆行动也已在执行当中。其中第一个辅助性行动是在该城以北一百英里的纳姆索斯展开。卡顿·德·维阿尔特少将曾获维多利亚十字勋章，此次被派来担任部队的指挥，奉命占领特隆赫姆地区。他已获悉有一支约三百人的海军分遣队将首先占领阵地，以便夺取并坚守据点，为大部队登陆做准备，有两个步兵旅和法国阿尔卑斯山地部队的一个轻装师奉命在该处登陆，以配合海军对特隆赫姆发起的主攻（即"铁锤"作战计划）。为了达到这个目的，第一四六旅和法国阿尔卑斯山地部队正从纳尔维克赶过来。接到命令，卡顿·德·维阿尔特立刻搭乘一架水上飞机出发，穿越敌机的大规模空袭地区，于15日傍晚抵达纳姆索斯。他的参谋长负了伤，但他在现场指挥十分得力。第二个登陆行动于昂达耳斯内斯进行，昂达耳斯内斯位于特隆赫姆西南部，通往特隆赫姆的道路长约一百五十英里。该地的登陆行动也是首先由海军占领阵地，而后摩根准将率领一支陆军于4月18日抵达战场参加作战行动。梅西中将被委任为挪威中部所有作战部队的总司令。因为当时在大洋的对面，没有地方做他的总司令部，所以他只能在陆军部进行指挥。

*　　*　　*

我在15日的报告中指出，所有计划均在执行当中，但也面临着严峻困难。纳姆索斯积雪深达四英尺，若遇空袭军队根本无法藏身。敌方拥有该地区的完全制空权，而我们既无高射炮，又无机场可供空军中队使用。起初就是因为我军有遭受敌军空袭的巨大危险，福布斯海军上将才不十分赞成强行登陆特隆赫姆，因此，我们的头等大事便是派英国皇家空军继续袭击斯塔万格机场，因为该机场是敌机北上的必经之地。"萨福克"号也计划在4月17日使用其八英寸口径大炮轰炸该机场。这个提议已获批准，因此轰炸计划如期进行。虽然斯塔万格机场损失惨重，但"萨福克"号在撤退时遭遇了敌军长达七个小时的连续轰炸，船体严重受损。次日抵达斯卡帕湾时，其后甲板已沉在海水中。

* * *

陆军大臣现在必须派一名陆军司令负责指挥特隆赫姆登陆行动。斯坦利上校最初选定了当时德高望重的霍特布拉克少将。4月17日，在海军部举行的三军参谋长会议上，霍特布拉克少将听取了关于该任务的简短介绍，但在当晚十二时三十分，他忽然发病丧失了知觉，倒在"约克公爵台阶"上，过了一会儿才被人发现，好在他的文件都已交给了参谋人员，正在加以研究。次日早晨，伯尼·菲克林准将奉命接替霍特布拉克少将的工作，负责指挥特隆赫姆行动。他在听取了关于该任务的简短介绍后乘火车出发前往爱丁堡，并于4月19日与自己的参谋人员一同乘飞机前往斯卡帕湾。但他们乘坐的飞机却在柯克沃尔机场坠毁了，飞行员与一名机组人员身亡，机上其他人员皆身负重伤。而此时特隆赫姆登陆行动的日期已经临近了。

4月17日，我向战时内阁概括说明了参谋部为在特隆赫姆实施登陆而制订的计划。目前可以立即启用的部队包括来自法国的一个常规旅（两千五百人）、加拿大军队（一千人）以及可作为后备军的本土防卫队约一千人。军事协调委员接到的报告说可用军队兵力充足，虽然风险巨大，但这一冒险行动大有可为。这次作战舰队将给予全力支持，并将增派两艘航空母舰参加，这两艘航母共可搭载飞机一百架，其中还包括四十五架战斗机。登陆日期暂定为 4 月 22 日。但法国阿尔卑斯山地部队的第二旅在 4 月 25 日才可抵达特隆赫姆，希望届时他们能够在特隆赫姆的码头登陆。

当时在会议上，我曾征询问三军参谋长是否赞同上述计划，空军参谋长作为三人的代表表示赞同。当然，这次作战行动有着巨大的风险，但不入虎穴，焉得虎子，就算冒险也是值得的。首相对此也表示赞同，他强调空军的配合十分重要。战时内阁也对该计划表示热烈的支持。而我则要竭尽全力，保证该行动能够得以实施。

事到如今，所有参谋人员及其首长都已下定决心要猛攻特隆赫姆的中心地带。福布斯海军上将正在为进攻做积极准备，当时似乎没有理由不遵守 22 日这个进攻日期。虽然我非常想拿下纳尔维克，但我依然积极致力于进攻特隆赫姆这一勇敢的冒险行动，而且越来越有信心。这一行动真可谓是危险重重，也许峡湾入口处会有小炮台轰炸和潜在的水雷区，或许还有最为严峻的空袭等，但我还是愿意让舰队去冒险。这些舰艇装备了在当时来说威力十分强大的高射炮。如果舰队联合向空中射击，凶猛的火力就可迫使飞机不敢在适宜的高度进行袭击。在此我想说明的是，若没有力量与之抗衡，空军的威力是相当可怕的。飞行员可以随心所欲地尽量低飞，在离地面五十英尺时，往往比在高空更为安全。他们可以准确投弹，还可以用机枪扫射地面上的士兵，而他们面临的唯一的危险仅仅是偶尔被步枪射中。但此时我方舰队既有高射炮，又有一百架水上飞机，因此，比起敌方派到当地的空军力量，我方的实际作战能力可能更占优势。如果我军攻克了特隆赫姆，那么我们也就能够控制附近的韦纳斯机场，那么，我们不仅可以在城区大规模驻军，而且数个皇家空军的战斗机中队也可出动助战。如果由我自己做主，我就会坚持打我最初想打的战役，即攻打纳尔维克。但由于在为一位尽忠职守的首相效力，并在一个亲善友好的内阁里任职，我必须首先尊重他们的意见，好在许多严肃谨慎的大臣们都坚决支持这个计划，并且该计划看似也得到了海军参谋部和所有专家的赞同，因此我期待着这一让人振奋的计划能够成功实施。这便是 17 日的

情况。

在此期间，我认为我们应当竭尽所能，让挪威国王及其顾问能随时获悉我们的计划，因此应当派一位既了解挪威情况又有发言权的官员，前去面见挪威国王。海军上将爱德华·埃文斯爵士是担任此项任务非常合适的人选，于是他奉命乘飞机经斯德哥尔摩前往挪威，在挪威国王的总部与国王联系。埃文斯爵士将在与挪威国王的会谈中，竭尽全力鼓励和说服挪威政府抵抗德军，并表明英国政府的态度，让挪威国王明白英国为支援挪威而准备采取的种种措施。自 4 月 22 日，埃文斯爵士已经与挪威国王以及政府当局要员接连磋商了数日，帮助他们了解我们的援助计划以及我们面临的一些难题。

*　　*　　*

18 日那天，三军参谋长和海军部的看法骤然间发生了根本性的变化。其原因在于，首先，他们越来越意识到，我们将如此多的一流主力舰投入到这一行动中，太过冒险。其次，陆军部认为，即便舰队可以顺利驶入港内，并可以安全驶出，但在德国空军虎视眈眈的监视下，我军的登陆仍旧十分危险。而从另一方面看，在特隆赫姆的北面和南面正在进行的登陆行动十分顺利，因此在当局看来，这个解决办法所冒的风险要小得多。于是三军参谋长拟定了一份很长的报告，表示反对"铁锤"作战计划。

报告一开始就提醒大家注意，强行登陆的联合战役是战争中最困难和最危险的一种战斗方式。三军参谋长始终认为，猛攻特隆赫姆的这场特殊战役风险极大，原因之一在于形势紧急，没有时间做出细致而周密的准备，而对于这种十分危险的战斗来说，细致而周密的作战计划十分重要；原因之二是由于没有空中侦察，也没有空中摄影，制订的计划只能以地图和航海图为依据；原因之三在于，该计划有一个很大的缺陷即本土舰队几乎全部集中在一个可能遭受敌方空军猛烈袭击的区域内。此外，在这种形势下，我们还应顾及其他一些新的因素。

其一是我们已在纳姆索斯和昂达耳斯内斯夺取了登陆据点，并在岸上驻军；其二是根据可靠情报，德军正在加强特隆赫姆的防务，因为报纸上已经刊登了我们企图在特隆赫姆直接登陆的消息。根据以上原因，三军参谋长决定重新对原计划进行考量，结果一致提议对此项计划进行更改。

更改内容如下：虽然三军参谋长依旧认为十分有必要占领特隆赫姆并将其作为根据地，供以后在斯堪的纳维亚半岛作战使用，但他们竭力主张不应从正面直接进攻，而应利用我们在纳姆索斯和昂达耳斯内斯的战果（我军在这两处的登陆行动出人意料地取得了成功），以钳形攻势由北面和南面包抄特隆赫姆。他们认为通过这种方式，我们便可以把这一危险万分的行动转化为风险较小而效果相同的行动。计划变更之后，报纸刊载的有关我们要占领特隆赫姆的消息，也会转而变成对我方有利；因为我们有意走漏消息，所以我们可以期望敌人认为我们仍打算坚持按原计划行动，以迷惑敌人。因此，三军参谋长提议，我们应该在纳姆索斯和昂达耳斯内斯投入尽可能多的兵力，控制穿过当博斯的公路和铁路交通线，并由北面和南面包围特隆赫姆。另外需要注意的是，在纳姆索斯和昂达耳斯内斯两地进行登陆以前，应从海上炮击特隆赫姆的外围炮台，让敌人以为我们将如期在该地进行直接进攻。因此，我们应当对特隆赫姆进行陆上包围和海上封锁，虽然攻占该城所用时间将比原计划有所延长，但我军主力反而可能会提前完成登陆。最后，三军参谋长指出，放弃直接进攻而改用包抄行动，可以让我们舰队中大量宝贵的舰艇前往其他区域作战，例如前往纳尔维克。这些提议论证有力，是由三军参谋长及其三位能力出众的副参谋长提出的，其中包括新近任命的汤姆·菲利普斯上将和约翰·迪尔爵士。

对于攻占特隆赫姆这样一个积极的两栖作战计划，我们很难想象会有任何反对意见能比他们的反对意见更具有决定性作用的，而且我也无法想象任何一个内阁或大臣能够压倒他们的反对意见。在现行的制度下，三军参谋长组成了一个单独而且几乎是独立的工作机构，不

受首相或最高行政机构的任何具有权威性的代表的监督或指导。此外，海、陆、空三军的首长对整个战局并没有一个整体概念，而是过分局限于其所属部门的看法。三军参谋长们在与其所属部门的大臣商讨后，再一起开会讨论，然后签发影响力巨大的备忘录。这是我们当时指挥作战制度方面最为致命的缺陷。

得知计划发生了根本性改变时，我十分愤怒，向有关军官追根究底。我不久便清楚，仅仅几天前还自发支持这一作战计划的所有专家，如今却均持反对意见。当然也有人没有随波逐流，这便是强烈向往战斗和荣耀的罗杰·凯斯爵士。他鄙视那些瞻前顾后、反复再三的考虑，自告奋勇表示愿意率领少数旧舰艇和必需的运输舰，在德军还没有变得更为强大前，进入特隆赫姆峡湾，率军登陆，猛攻特隆赫姆。凯斯有着火一样热情奔放的性格，有过极其成功的伟大履历。我记得在5月间的辩论时，曾有人暗示达达尼尔战役的失败给我留下了刻骨铭心的伤痛，意思是说我曾因那次战役被撤职，所以不会再容许自己有任何冒险的行动，但这并不是事实。此刻我处于下属地位，因此采取任何激烈的行动都是非常艰难的。

此外，当时还牵涉到其中一些高级海军将领之间比较特殊的关系。同科克勋爵一样，罗杰·凯斯的资历比总司令和第一海务大臣要深。庞德海军上将曾在地中海地区担任凯斯的参谋达两年之久。我如果采纳罗杰·凯斯的意见，而拒绝庞德的意见，则会导致庞德辞职，而福布斯海军上将也势必会请求解除他本人的指挥权。处在当时的职位，我当然不应在这个时候，因一个作战计划而让首相与我的战时内阁的同僚们面临如此戏剧化的人事变动。而且这个作战计划，尽管有很大的吸引力，但对于整个战局而言，甚至仅对挪威战役来说，毕竟还是次要的。因此，对于参谋部的出尔反尔，虽然可以提出明确的理由反对，但我们仍决定接受他们更改后的计划。

这样，我便接受了放弃"铁锤"计划的决定。18日下午，我向首相汇报了情况，虽然首相非常失望，但与我一样，除了接受这一新的计划更改外，他也别无他法。战争也和人生一样，当某个十分渴望想

要实现的计划失败时，就不得不采取另一个可能是最好的替代方案。如若情况如此，那么倘若不竭尽全力保证其成功，则是愚不可及。我的态度发生了一百八十度转变。4 月 19 日，我向军事协调委员会做出书面报告，内容如下：

1. 卡顿·德·维阿尔特已经取得重大进展，我们在昂达耳斯内斯和南峡湾中其他港口轻而易举完成了登陆，由于报刊不慎泄露了关于攻打特隆赫姆的机密，而且实施这个所谓"铁锤"作战计划必须投入巨大的海军力量，同时还要承担极大的风险即导致多艘极其重要的舰艇要在长时间内处于近距离的空袭威胁之下。鉴于以上原因，三军参谋长及其副参谋长们提议，应完全改变两个钳形攻势与中间突破计划的侧重点，意思是说主力应该放在北面和南面的钳形攻势上，由中间向特隆赫姆发起佯攻。

2. 由于战事难料，众人的意见也是瞬息万变，因此我们必须采取上述决定。首相现在已批准这些决定，正在下达命令。

3. 文件中提议，应设法让敌人相信，我们即将对特隆赫姆中心地带发起进攻，并应在适当的时机，用主力舰炮击外围炮台，以便使进攻该地的意图显得更为真实明显。

4. 应竭尽全力为卡顿·德·维阿尔特配备炮兵，以增强其实力。如果没有炮兵，该军队组织就不可能健全。

5. 我们为"铁锤"计划而集中的所有军队，应尽快用战舰运往罗姆斯德尔峡湾的各港口，向当博斯推进。到达当博斯后，除派一部分阻截部队向南前往挪威的主要战线外，大部分兵力应转到北面，向特隆赫姆进发。越过昂达耳斯内斯，已有一个旅兵力和六百名陆战队员登陆。由法国调来的一个旅和辅助的本土防卫队的一个旅将尽快全部投入这里的战斗，这样就能确保攻下当博斯，而且我方对于挪威两条从奥斯陆

到特隆赫姆的铁路的控制，也能延伸到铁路沿线更东边的斯特伦，控制该据点对我方十分有利。此外，加入战斗的还有法国阿尔卑斯山地部队的第二个旅、法国外籍军团的两个营和加拿大军队的一千人，他们前往作战的地点今明两天便可确定。

6. 我们必须看到，留守纳姆索斯的军队所面临的处境仍有危险，但就其司令官而言，冒险是司空见惯的事情。另一方面，我们不明白，为什么就不能把占决定性优势的兵力派往昂达耳斯内斯—当博斯铁路沿线，以便等待时机绕过这个重要的据点，伺机行事，达到孤立并占领特隆赫姆的目的。

7. 尽管变更计划导致了侧重点的改变，令人感到很不舒服，但我们应该认识到，这个变更把我们从实施一个危险较大的作战计划转到了实施危险较小的作战计划，并且大大减少了"铁锤"计划加在海军身上的沉重负担。改用这个比较稳妥的计划，似乎也能取得我们想要的结果，而且未必就会使我们耽误计划实现的目标。简而言之，相比原来的计划，采用更改后的计划肯定能够把更多的兵力更快地运到挪威境内。

8. 既然我们已竭力主张在纳尔维克进行奋勇战斗，此时当然不能调走在纳尔维克的战列舰，"厌战"号因此已奉命驶回（该地）。但纳尔维克还需要进一步的增援。这个问题必须立即加以研究。加拿大军队也应在考虑之列。

9. 与此同时，我军现在已可以在斯卡格拉克海峡开展扫雷工作，以便肃清敌军反潜舰艇，并协助我方潜艇的活动。

第二天，我向战时内阁说明，因当前形势所迫，我们决定取消直接进攻特隆赫姆的计划，我也一并陈述了获得首相首肯的新计划。概括说来，该计划主要是把法国阿尔卑斯山地部队第一轻装师的全部兵力派给卡顿·德·维阿尔特将军，由北面攻打特隆赫姆，另外派数个

由法国调来的正规旅前去增援摩根准将。摩根准将已在昂达耳斯内斯登陆，并准备继续进军占领当博斯。本土防卫队的一个旅将前往南线，这部分的南线部队可能会一直向前推进，支援在奥斯陆前线的挪威军队。我们十分幸运，所有的军队均已顺利登陆，而且迄今为止还未遭受任何损失（除了运输摩根准将所有车辆的船只）。按照现在的计划，在5月的第一个周末约有两万五千人将离船上岸。法国提出可额外派给我们两个轻装师。主要的限制因素是缺少用来维持军队补给的必要基地和交通线，而且所有的基地都很容易遭受敌军猛烈的空袭。

陆军大臣随后说道，新计划的危险性并不比直接进攻特隆赫姆少多少。在我们占领特隆赫姆飞机场之前，我们几乎无法抵御敌机大规模的空袭。而且，将新计划称作对特隆赫姆发起的"钳形攻势"，也并非全然准确，因为尽管北面的军队在不久的将来会对特隆赫姆施加压力，但南面的军队的首要任务，则是巩固其自身地位，抗击德军从南面发起的攻击。因此，要从南面对特隆赫姆采取任何重大行动，恐怕要在一个月以后。这个批评非常中肯，然而，艾恩赛德将军却大力赞同这个新计划。他希望卡顿·德·维阿尔特将军在取得法军的增援后，其麾下会拥有一支大军，其中大部分兵力具有极高的机动性，可以沿着由特隆赫姆通往瑞典的铁路行军。至于已驻扎在当博斯的军队，他们既没有大炮也没有运输工具，但应该能采取守势。我接着补充道，对特隆赫姆展开正面进攻的计划，会给舰队以及我们的登陆部队带来不必要的风险。如果舰队在一次成功的作战中，因敌方空军的袭击而损失了一艘主力舰，那么这个损失会使胜利黯然失色，而且显而易见，在这种情况下，登陆部队也定会伤亡惨重。梅西将军认为，原计划所冒的风险与希望得到的效果不能成正比，特别是如果相同的效果通过其他方法也能获得，为何不尝试一下其他方法。陆军大臣说了句公道话，他指出，这些替代方法也并非一定能够提供稳妥的或令人满意的解决办法，但他赞成加以尝试。显而易见，眼下的行动路线并不合我们心意，我们只能从不甚合意的行动路线中挑选一种采取行动。

我现在又重新回到纳尔维克问题。自从正面进攻特隆赫姆计划被

放弃以后，进攻纳尔维克的计划似乎显得更为重要并更具可行性。于是，我给军事协调委员会写了一封备忘录，内容如下：

1. 关于纳尔维克，我们必须做出决定，该决定的重要性与迫切性非言语能够尽述。如果战斗保持着静止状态，局势会对我们愈来愈不利。现在距离波的尼亚湾的解冻最多只有一个月。到那时，德国人可能会要求瑞典准许德国自由通过铁矿区，以增援他们在纳尔维克的军队，甚至会要求控制铁矿区。他们可能会许诺瑞典人，如果瑞典同意德国在其遥远的北部如此行事，德国可以保证使瑞典其他地区不受骚扰。不论是采取武力或是采取怀柔政策，德国人势必会想方设法进入铁矿区，以增援他们在纳尔维克的驻军。因此，我们最多仅有一个月的准备时间了。

2. 在这个月，我们不但要攻陷纳尔维克，并降服已在该地登陆的德军，而且还必须沿铁路线进军至瑞典边境，攻占湖上某个实际可用而且防守严密的水上飞机基地。这样，即使我们无法控制铁矿区，也能阻止铁矿区在德军的控制之下进行生产。看来似乎有必要派遣至少三千名士兵（额外的）立即前往纳尔维克，令他们最迟也应在5月的第一个周末抵达该地。现在就应该立即下达该命令，因为现在形势越来越趋向明朗化，调遣部队是最容易不过的事情。如果这些部队都是英军，则十分方便管理，但如果由于各种原因无法做到都是英军，那么，是否可派第二个法国轻装师的主力旅前往纳尔维克，派遣一艘巨舰进入希尔峡湾或附近地区，应该不会有过多危险。

3. 我希望海军副参谋长能与陆军部一位地位相当的官员进行洽商，讨论如何能够满足这个需要以及船只和时间等问题，如不能占领纳尔维克，后果将极其严重，而与之相伴而来的便是铁矿区被德军占领。

有关对当时局势的看法，伊斯梅将军在 4 月 21 日报告中的陈述非常精辟：

纳尔维克行动的目的在于，占领该城市并控制通往瑞典边境的铁路线。这样，我们就能够在必要时派军队前往耶利瓦勒铁矿区，而占领耶利瓦勒铁矿区，则是我们在斯堪的纳维亚半岛所进行的一切战役的主要目的。

大概在一个月后，吕勒奥港的冰便会融化，而冰一旦融化，我们就应该预料到德国人必会通过恐吓或武力，以获取他们的军队所需的通道，从而占领耶利瓦勒矿区，而且还可能会进一步增援其在纳尔维克的军队。因此，我们十分有必要在一个月内攻下纳尔维克。

在特隆赫姆地区展开行动的目的就是攻占特隆赫姆，并由此获取一个基地，以便在挪威中部以及必要时在瑞典展开进一步行动。我军已在特隆赫姆北面的纳姆索斯和南面的昂达耳斯内斯成功登陆。我们打算将纳姆索斯的军队驻扎在从特隆赫姆向东延伸的铁路两侧，从而由东面和东北面包围德军。至于在昂达耳斯内斯登陆的军队，其首要任务是与在利勒哈梅尔的挪威军队合作，占据防御阵地，以拦截从奥斯陆主要登陆地点出发，前去增援特隆赫姆的德军。我们还必须防守奥斯陆和特隆赫姆之间的公路和铁路。完成该项任务之后，部分军队才可以北上，从南面对特隆赫姆施加压力。

此时此刻，我们的主要注意力集中在特隆赫姆地区。确保支援挪威军队，阻止德军增援特隆赫姆十分重要。目前，占领纳尔维克并非十分紧迫。但其紧迫性将随着波的尼亚湾航道的解冻而日益增加。而且如果瑞典参战，纳尔维克将变得极其重要。

现在挪威中部正在进行的战斗险象环生，我们面临着诸多严重困难。其中主要困难是：第一，因为要急于援助挪威人，不得有片刻拖延，所以仓促之间，我们被迫把凡是能够利用的力量都调动起来，临时编成一支军队前去执行登陆作战；第二，我们进入挪威时，驻扎的基地不足以维持大量兵力。这也是无奈之举，因为在该地区唯一可用的基地是特隆赫姆，但已落入敌军手中。我们现在利用的是纳姆索斯和昂达耳斯内斯的港口，但这两个港口较小，即使有设备可以用于卸载军需物资，数量也少得可怜，而且连接内地的交通条件也非常差。因此，即便没有其他阻碍，要把机械化的运输工具、大炮、补给品和汽油（这些物资都无法在当地获取）运到岸上，也是相当困难。所以，在成功占领特隆赫姆之前，我们能在挪威维持的军队数量严重受限。

当然，人们可能会说，我们费尽心力在挪威进行了数场战斗，不管这些战斗是多么的成功，这些成功的战斗即将因法国将遭遇的可怕战争而化为乌有。一个月内，盟国主力部队将会被敌军击溃，走投无路，一败涂地。我们所做的一切努力，都是要为继续生存而斗争。因此对于我们来说，没有在特隆赫姆周围部署庞大的陆军和空军实属侥幸。未来的面纱正在一幅幅揭开，而我们这些凡夫俗子必须按照形势的变化见机行事。根据 4 月份了解的情况，我至今仍旧认为，既然已经做了那么多的准备工作，我们当时就应该坚持实施"铁锤"作战计划，并三面围攻占领特隆赫姆，这本是我们大家一致同意的计划方案，但在我们的专家顾问的坚决反对下，在他们提出的重大反对理由的压力下，我并没有强迫他们接受我的意见。对此，我应该承担自己应该承担的那部分责任。然而在那种情况下，放弃进攻特隆赫姆的全盘计划，转而集中全力攻打纳尔维克也有可能是更佳方案。但此刻为时已晚。因为我们的许多部队都已登陆，挪威人也在呼喊着要求援助。

第七章

SEVEN

挪威危机

任命科克勋爵为驻纳尔维克的最高司令官——科克勋爵的来信——麦克西将军对轰炸提出异议——英国内阁的答复——德国与盟国的力量对比——斯堪的纳维亚的混乱局面——关于特隆赫姆和纳尔维克的决定——特隆赫姆战役——纳姆索斯的溃败——佩吉特远征昂达耳斯内斯——战时内阁关于撤出挪威中部英军的决定——惨败莫绍恩——德军的北进

在我的一再坚持下，科克勋爵于 4 月 20 日被任命为纳尔维克地区海、陆、空三军的最高（也是唯一）指挥官，这样一来，麦克西将军便直接由科克勋爵领导。科克勋爵一直奉行积极进攻的理念，这点毫无疑问。他深知拖延必将导致严重的恶果，然而当时盟军内部管理混乱，其处境之艰难远非我们（因为当时我们身处国内）所能想象。此外，海军军官即使被授予最充分的权力，在纯军事问题上，也不便向陆军发号施令。同理，让陆军军官指挥海军更是难上加难。我们曾经希望，通过免除麦克西将军直接指挥的重大责任，能够使他在战略部署方面敢于冒险，有所作为。然而结果却让我们大失所望。他总能想出借口，千方百计地阻挠我们采取激烈的措施。我们曾决定进攻纳尔维克，但该计划遭到了否决，这也直接导致过去的一周形势变得对我方极其不利。此时，整个纳尔维克地区已被大雪覆盖，毋庸置疑，德国的两千名士兵一定在大雪的掩护下夜以继日地构建防御工事。相信之前从被击沉的驱逐舰中逃出的两三千名德国海员也一定已被重新整编。越来越多的德国空军赶来支援，敌人对我方舰艇和登陆部队的轰炸强度也与日俱增。21 日，科克勋爵给我写信，详见下文：

首先，我想感谢您对我的信任。我一定会竭尽所能，不辜负您的期望。眼下我们很难打破僵局，北面山坡的积雪仍有几英尺厚，这也让任何行动都变得困难重重。我曾亲自前去勘察，情况确实不容乐观，且过去的两天大雪时断时续，并未停止，形势也未有好转。其实，我们早在一开始就犯了错，对形势的估计过于乐观，以为不会遇到任何阻碍。此前，我们也曾多次犯过类似的错误，比如在坦噶战役①时。截至目前，士兵们所需的轻型武器及其弹药和淡水储备仍未抵达，其他一些无关紧要的东西和人员倒是不少。

我们现在急需战斗机支援，因为敌我空军实力悬殊，我军在空中处于绝对劣势。敌军每天都会出动飞机前来侦察，一旦发现我方船只（不管是运输船还是汽船）便进行轰炸。这样下去，被敌机击中只是时间问题。昨日，我乘飞机在纳尔维克上空勘察，但视野并不清晰。放眼望去，只见岩石峭壁皆被积雪覆盖，山峰岩石嶙峋，只能露出山峰，想必积雪一定很深。皑皑白雪从山顶一直蔓延到海岸，海滩上的情形如何，我们根本无法看清。

此时，我们一边等候进攻时机，一边通过破坏该地的铁路线，炮轰并烧毁大的渡船等措施来切断该地同外部的一切联络。目前的局面着实令人恼火，您肯定在想我们为什么要停滞不前，不采取行动？对此，我十分理解，但我向您保证我们也是迫不得已。

经商议后，科克勋爵决定以舰炮为掩护，对纳尔维克地区进行大规模武装侦察，然而麦克西将军对此提出了异议。他觉得有责任在我们实施既定方针前表明他和手下将士们心中的想法——倘若成千上万的挪威百姓（包括老弱妇孺）在我们的轰炸中丧命，他们会为自己的

---

① 指1914年在桑给巴尔附近的坦噶登陆战。

所作所为和自己的国家感到羞愧。对此，科克勋爵直接将原话转发给我，并未添加任何评论。4 月 22 日，由于我和首相应参加在巴黎召开的最高军事会议，因此无法出席当天的国防委员会会议。于是在动身之前，我便就科克勋爵发来的电报起草了一封回信，同僚们商讨后对此并无异议，回信如下：

> 相信科克勋爵已经收到了我们在战争爆发时发出的轰炸指示。假设敌军为了维持自己在纳尔维克的行动，以当地的建筑为掩护，那么科克勋爵有权不执行这些指示。科克勋爵可以尽其所能，用一切可用方式，包括散发传单来提前六小时向德军发布警告，通知他们疏散当地平民。德军必须撤离城内所有的平民，如有违背，当自行承担一切后果。为了能让平民通过铁路成功撤离，科克勋爵还可以承诺在六个小时内不对铁路线采取任何行动。

国防委员会对此表示认可，他们称"决不能让德军通过扣留平民的方式将挪威的城镇变成他们的堡垒，从而阻碍我们发动进攻"。

*　　*　　*

抵达巴黎后，我们依然放心不下挪威的局势，因为这次挪威的行动由英国负责。雷诺先生对我们的来访表示欢迎，随后他向我们阐述了眼下的局势。总的来说，目前形势不容乐观。相比之下，斯堪的纳维亚半岛的窘境就根本不值一提了。雷诺先生说，德国有地理上的优势，这一优势让它享有永远处于内线作战的优越条件。德国现在有一百九十个师，其中一百五十个师可以用于西线战役。而盟军用来抵抗德国军队的只有一百个师，其中包括十个英国师。第一次世界大战时，德国人口共计六千五百万，兵力达到二百四十八个师，其中二百零七个师在西线作战。而协约国方面，法国动员了一百一十八个师，其中一百一十个师驻防在西线战场；英国共有八十九个师，负责西线战场的有六十三个师。这样算来，一战时，西线战场德军多达二百零七个师，而英法盟军加起来才一百七十三个师，直到美国的三十四个师的援军抵达时，协约国的军队才在数量上与德军持平。现如今，情况变得更糟。德国人口已经达到八千万人，动员三百个师的兵力应该不在话下。而盟军方面，法国对英国并不抱希望，他说到今年年底，英国在西线的兵力最多不会超过二十个师。因此，我们必须接受一个事实，即德国的兵力正在迅速增长。目前，敌我双方在人数上的比例已是三比二，不久恐怕就要变成二比一。至于装备方面，德国的飞机和大炮实力都占优势，军火库存也多于盟军。雷诺的发言到此为止。

正是我们对敌军的一再纵容才导致了今天这样的局面，1936 年，我们只需出动警察便能及时制止德军出兵占领莱茵兰；慕尼黑事件后，德国占领了捷克斯洛伐克，只能抽调出十三个师在西线进行战斗，当时我们完全有能力对此加以干涉；即便是 1939 年 9 月时，我们也能及时制止德国行动，因为当时波兰还未放弃抵抗，西线战场也只有德军的四十二个师。然而，协约国，作为第一次世界大战的获胜方，即便在各方面实力占优的情况下，也一直未采取有效措施来遏制希特勒的多次挑衅，任由德国撕毁《凡尔赛和约》，这才使德国积攒了令人生畏的军事实力。

* * *

当然，这都是题外话了。我们已经意识到了事态的严重性，现在让我们回到斯堪的纳维亚半岛的局势上来。首相先生清晰地解释了该地区目前的局势：目前我方已经有一万三千名将士在纳姆索斯及昂达耳斯内斯登陆，其间未出现任何伤亡；盟军的推进也已超过预期。由于直接进攻特隆赫姆需要大量的海军支持，因此我们决定改由南北两面包抄。但过去的两天里，敌军对纳姆索斯实施了一次猛烈的空袭，阻碍了我们新计划的实施。由于我们未在纳姆索斯架设高射炮，因此敌机得以在该地肆意轰炸。与此同时，虽然纳尔维克地区的德国军舰已被全部击毁，但德军在陆上修筑了坚固的防御工事，因此我们目前还无法进行登陆作战。当然，如果一次尝试不成功，我们还会继续尝试。

谈及挪威中部局势，张伯伦先生说英国当局迫切希望向该地增派援军，一方面用来抵抗南部德军的进攻，另一方面可以用来协助夺取特隆赫姆。该地区确实需要援军，目前可以调往该地的有英军五千名、法军七千名、波兰军三千名、英国机械化部队三个营、英国轻型坦克部队一个营、法国轻装师三个师以及英国本土防卫队的一个师。然而，眼下的问题并不是我们能派去多少军队，而是有多少将士可以登陆并在该国坚持作战。雷诺先生承诺法国会派四个轻装师前去支援。

随后，我发表了一番长篇大论，这也是我第一次在这样的会议上充分发表自己的意见。我指出，我们很难在敌军飞机和潜艇的攻击下将将士们和所需补给运上岸。每一艘登陆船都必须有驱逐舰护航，在登陆过程中，每一个登陆点都必须由巡洋舰和驱逐舰保护，不仅如此，一定要等到岸上的高射炮架设完毕为止。目前，盟军的船只一直十分幸运，很少被敌军击中，但我们必须要意识到登陆行动的困难性。尽管目前已有一万三千名将士安全登陆，但盟军尚未建立基地，因此，盟军目前在内陆地区的活动主要依靠脆弱的交通线，且没有大炮和空军做掩护。这便是挪威中部的局势。纳尔维克地区的德军实力稍弱，且港口不易受到空袭，因此一旦我方控制了该港口，便可以迅速登陆。此外，我们应当将无法在纳尔维克以南港口登陆的士兵全部调到这里，包括派往纳尔维克地区的士兵们或现在仍留在英国的部队，他们根本无法冒雪跨过挪威。因此，我们不仅要控制纳尔维克地区的港口和城镇，肃清德国势力，还要派一定数量的军队沿铁路线一直推进到瑞典边境，以应对德国的下一步计划。英国司令部再三考虑后认为，虽然此举会影响我军在其他港口的登陆速度，但考虑到在其他港口登陆的困难性，可能还是在纳尔维克地区登陆速度更快。

我们十分清楚，目前我方能力有限，大家就目前的危急形势达成

了共识，最高军事委员会一致决定，眼下的军事目标是：

1. 占领特隆赫姆。

2. 占领纳尔维克，并在瑞典边境集结足够的盟军部队。

第二天，我们谈到了荷兰和比利时所面临的险境，也谈论了两国拒绝与我们合作的问题。我们深知意大利会随时向我们宣战，因此海军上将庞德和达尔朗正在协商，准备率领英法两国海军在地中海地区采取一系列必要措施。西科尔斯基①也应邀出席了此次会议，他声称有能力在数月内召集一支十万人的军队，与此同时，他正积极采取行动，准备在美国组建一支波兰师。

会议上，双方还达成协议：一旦德国入侵荷兰，盟军无需同比利时政府交涉，应立即进驻比利时，与此同时，英国皇家空军也应立即出动，轰炸德军编组站②及位于鲁尔区的炼油厂。

* * *

从巴黎回来后，我十分担心盟军在对抗敌人方面所做的努力以及指挥作战的方针策略会遭到彻底的失败，于是我给首相先生写了封信，内容如下：

> 我十分希望能尽我最大的努力支持您，因此，我必须提醒您，盟军在挪威的行动正面临一场惨败。
>
> 我曾主动要求您负责军事协调委员会的日常事务管理等工作，您都予以满足，因此我对您心怀感激。然而，我想告诉您，如果不能拥有必要的权力，我是不愿再从您那儿接手这一任务的。目前，谁都没有权力。军事协调委员会由六名参谋长（副参谋长也包括在内）、三军大臣和伊斯梅将军组

---

① 西科尔斯基（1881—1943），波兰政治家、军事家。1939 年纳粹德国灭亡波兰后，侨居伦敦，任波兰流亡政府总理兼军队总司令。——译者注

② 铁路枢纽的核心，是车流集散和列车解组的基地。——译者注

成，在挪威的行动问题上（除纳尔维克战役外），谁都有发言权，然而在军事方针的制定和执行方面，您才是拥有最后决定权的人。如果您觉得能承担这样的重担，我作为第一海军大臣，一定会继续坚定不移地效忠您；但倘若您觉得事务繁忙，无法抽身，您可以指定一名代理人，代替您协调和指挥战时行动，您和战时内阁有权对其进行罢免。

信还没来得及发出去，我便收到首相先生的消息。他说他一直在忧心斯堪的纳维亚半岛局势，眼下形势的确不容乐观。他让我晚餐后到唐宁街 10 号去找他，他要私下里和我聊聊目前的战局。

和首相的谈话十分融洽，对于这次谈话的具体内容我没有记录。当然，我提到了那封没来得及寄出去的信，首相先生认为信中说的话很有道理。他本人十分乐意将我所要求的指挥权交给我，我们之间并不存在任何个人隔阂。然而，他必须要征询其他政要们的意见并说服他们，直到 5 月 1 日，他才得以向战时内阁和相关人员发表下列公告。

关于现有国防决策管理体制中存在的问题，我考虑了很久，在和各部门大臣协商之后，我们打算对现有体制做一些整改。关于具体的措施，我拟了一份备忘录，供各位同僚传阅。备忘录中提到的各项修正措施都已征得三军大臣同意。此外，在征得海军大臣同意后，我们决定任命伊斯梅将军（曾获三等巴斯勋章和杰出服役勋章）为高级参谋官，主管中央参谋部（正如备忘录中所示，中央参谋部听命于海军大臣）。与此同时，伊斯梅将军还被提拔为由三军参谋长组成的参谋长委员会成员。

内维尔·张伯伦

1940 年 5 月 1 日

国防架构

为便于对战时行动进行统一领导，特对现有国防架构进行如下改革，即刻生效。

若首相不亲自主持军事协调委员会的各种会议，则由海军大臣代劳，倘若首相缺席会议，海军大臣则作为首相的代理人，负责处理战时内阁的一切事务。

作为军事协调委员会的代表，海军大臣负责指挥参谋长委员会，因此，海军大臣可以在他觉得必要时，随时召开参谋长委员会会议，就相关事项进行商讨。

三军参谋长仍负责收集各方意见并向政府提议，并率领各自的参谋人员为海军大臣出谋划策，完成海军大臣（代表军事协调委员会）交代的各项任务。参谋长在提出每项方案时，应附上适当的评论。

三军参谋长仍听命于三军大臣，一旦他们得出任何结论，应立即向主管大臣汇报。

倘若时间允许，参谋长们拟订的各项方案，连同他们的评论及海军大臣的评论都应送交军事协调委员会，供委员会成员传阅，最终再送交战时内阁定夺。如无战时内阁授权或当军事协调委员会内部产生分歧时，所有提案都应送呈战时内阁，军事协调委员会不享有最终决定权。

若事态紧急，参谋长们拟订的方案则无需由军事协调委员会正式会议商议通过，海军大臣可与其余大臣举行非正式会谈，如仍无法达成一致，则应送呈首相，由首相做出最终定夺。

为确保上述方针顺利实施，也为了便于海军大臣同三军参谋长之间的联系，我们打算成立中央参谋部（不同于海军部的参谋部），以协助海军大臣开展各项工作。该参谋部由一名高级参谋官负责，同时该参谋官将被纳入参谋长委员会。

这一安排显然要比原来好得多，对此，我欣然接受。现在，我可以召开并主持参谋长委员会会议了，参谋长委员会的作用十分重要，没有他们，我们将一事无成。更好的是我现在还负责指挥参谋长委员会。伊斯梅将军现在被任命为高级参谋官，负责领导中央参谋部，并被纳入我的麾下，直接听命于我，正因如此，他才得以正式成为参谋长委员会的成员。我和伊斯梅已经认识很久了，但像这样的亲密合作还是第一次。至此，参谋长委员会现在基本上听命于我，我作为首相的代理人，在名义上可以左右他们的决策。另一方面，三军参谋长仍直接听命于三军大臣。对三军大臣来说，这一做法等同于把原本属于他们的一部分权力移交给了另一位同僚，因此难免会心存怨恨，这也是人之常情。另外，备忘录中明确规定，我代表军事协调委员会履行职责，因此我虽然在名义上负有无限的职责，但实际上手中并没有实权来行使这些职责。即便如此，我仍旧信心满满，感到也许我能够使这个新的机构发挥作用。尽管这一体制维持了一个星期之久，可是从1940年5月1日起，直到1945年7月27日我卸任时为止，我和伊斯梅将军无论是在工作上还是在私下里都保持着很好的关系，伊斯梅将军与参谋长委员会的关系同样很好，丝毫没有疏远和中断。

* * *

现在我有必要描述一下特隆赫姆战役的进展情况了。我方从纳姆索斯出发的北方部队距特隆赫姆八十英里，从昂达耳斯内斯出发的南方部队，距离该地则有一百五十英里。我们已经放弃了从中部峡湾直接进攻特隆赫姆的"铁锤"计划，一方面是担心代价太大，一方面是我们打算从南北两侧对该地进行钳形包抄。然而此刻，包抄计划彻底破产了。纳姆索斯方面，卡顿·德·维阿尔特率领军队，冒着挪威的大雪和德军的空袭，迅速向南挺进。19日，已经有一个旅率先抵达距离特隆赫姆五十英里的峡湾入口处——费尔达尔。这时，我警告参谋部，我方在费尔达尔地区的军队过于单薄，德军只需一晚便可从特隆赫姆召集一支强大的部队，经由水路赶往该地，对我方部队进行打击。果不其然，我的话在两天之后应验了。我们的部队被迫后退若干英里，一直到他们认为可以阻截敌人的地方。在这里的某些地方，厚厚的积雪已开始融化；另一方面，经由峡湾而来的德军和我们一样缺乏运输车辆，因此，双方无法在陆地上展开大规模战斗；沿途，少数零散部队迈着沉重的步伐，三三两两地在路上行进着，这对于势不可挡的敌方空军来说，已构不成他们的袭击目标了。倘若卡顿·德·维阿尔特早知道他的兵力如此有限，倘若他早些收到我们已经放弃直接进攻特隆赫姆的计划（参谋部竟然没有将这么重要的变动告诉他们），那么，毫无疑问，他一定会更有条理地向前推进。现在他采取的所有行动都是按照此前收到的指示去做的。

最后，几乎所有将士们都精疲力竭，心灰意冷地撤回到纳姆索斯，与法国阿尔卑斯山地部队会合，所有人的内心都充满怨恨。卡顿·德·维阿尔特此时的决定十分值得尊敬，他声称此刻已别无他法，只能撤退。于是，海军部立刻开始准备撤退事宜。4月28日，海军部发出要求部队从纳姆索斯撤退的命令。法军将先于英军登船，只留下部分滑雪部队和我们的后卫部队殿后，撤退日期拟定于5月1日和2日晚。最后，撤退行动竟在一夜之间全部结束了。所有的部队都在3日晚上船，黎明时分，当德军侦察机发现我军时，我们已经离岸很远了。4日早上八点到下午三点，一波又一波的敌方轰炸机向我们的战舰和运输舰狂轰滥炸，当时没有英国空军护航，所幸运输舰都没有被敌机击中。只有两艘装载我军后卫部队的驱逐舰——法国驱逐舰"比松"号及英舰"阿弗利第"号，在与敌机对峙过程中不幸被击中，它们一直战斗到最后，直到沉没。

*　　*　　*

在昂达耳斯内斯登陆的盟军也遭遇了一系列灾难，但我们至少也让敌人付出了代价。为了响应挪威总司令鲁格将军的紧急求援，陆军准将摩根率领第一四八步兵旅火速行军，并在利勒哈梅尔与筋疲力尽、溃不成军的挪威军队会师。与此同时，德国派出三个全副武装的精锐师，沿着奥斯陆到当博斯及特隆赫姆的公路和铁路线一路追击挪威部队。于是，一场恶战开始了。陆军准将摩根方面，一艘载有车辆、大炮和迫击炮的船只被击沉，但他手下那些年轻的本土防卫队员们毫不畏惧，拿着步枪和机关枪同德国的先锋部队展开激烈的战斗，这些德国的先锋部队不仅配备了五点九英寸口径的榴弹炮，还拥有许多重迫击炮及若干辆坦克。4月24日，从法国开来的第十五旅的主力营，到达了即将陷落的前线。这批正规军由佩吉特将军指挥，他从鲁格将军那里获悉挪威军队已经筋疲力尽，必须好好休整，经过重新整编后才能继续投入战斗。于是，他接管了挪威军队的指挥权，待第十五旅的剩余部队抵达时，便立即率领他们投入了战斗，凭借顽强的意志与德军多次交锋。所幸当地的铁路线未被摧毁，通过巧妙地利用铁路线，佩吉特将军将他率领的部队和摩根率领的第一四八步兵旅（此时已经损失七百人）以及部分挪威军队全部成功解救了出来。大批英军，整整一天都藏在一条漫长的铁路隧道中，靠那辆可贵的军需列车维持补给，就这样成功逃过了敌军的追捕。佩吉特将军率领后卫部队与敌军五次交手，多次重创德军，同时率领部队行军一百多英里，最终重回昂达耳斯内斯。这座小城和纳姆索斯一样，已被德国轰炸机夷为平地。5月1日夜晚，第十五旅和摩根的第一四八旅的残余部队登上了英国的巡洋舰和驱逐舰，平安无事地到达了本国。在这些天的战斗中，佩吉特将军展现出了娴熟的作战技巧和坚强的意志，这也为他后来担任高级统帅奠定了基础。

　　除此以外，有一个战斗机中队为支援盟军在昂达耳斯内斯的行动中英勇牺牲，我认为有必要在这里专门说一下。当时，在距离昂达耳斯内斯四十英里的地方，有一个名叫雷谢斯科根的湖，由于已经结冰，成了当地唯一的飞机起降场。4月24日，一个"斗士"式战斗机中队从"光荣"号航母上起飞，抵达该地，刚一到达便遭到敌军猛烈袭击。位于该地的海军航空部队随即尽力予以援助，然而单凭一个战斗

机中队的力量根本无法应对眼下的多重任务——既要保全自己，又要掩护两百英里外的两支远征军的行动，还要保卫自己的基地。截至4月26日，该战斗机中队已经无法继续飞行，而其他英国轰炸机远在英国，远水救不了近火。

* * *

由于形势所迫，我们不得不撤退，首相主持的军事协调委员会也已向战时内阁提议撤退，战时内阁的最终决定也是如此。我们得出一致结论，仅凭我们的力量已经无法攻占并据守特隆赫姆。至此，原定的钳形攻势由于我方实力薄弱，两翼都已土崩瓦解。张伯伦先生向内阁宣称，虽然我们应该继续抵抗德国人的推进，但在此期间我们必须制订计划，让我们的部队从纳姆索斯及昂达耳斯内斯撤出。内阁对于这些提议颇感烦恼，然而，这也是不可避免的事。

* * *

为了尽量延迟敌人向纳尔维克北进，我们现派出后来被称为"哥曼德"[①]的特种部队，由富于胆识的军官格宾斯上校率领，前往离海岸一百二十英里的莫绍恩。眼下我最为迫切希望的是，纳姆索斯的小部分军队能够利用一切可用车辆沿公路前往格朗，即便只有两百人，也能有效地拖住敌军。随后，他们可以从格朗步行到莫绍恩。我希望通过这种方式，能够为格宾斯争取时间，让他尽快在莫绍恩地区建立阵地，用以对抗已经到达的少量德军。然而却有无数人告诉我从格朗到莫绍恩的路无法通行。梅西将军也从伦敦向法国方面发出请求，要求沿此路撤退，但他得到的回复是，即便是一小队法国阿尔卑斯山地部队，穿着滑雪鞋，也无法穿过这条路。数天后，梅西将军在电报中

---

① 一支由海军和海军陆战队的精锐部队组成的特种部队。——译者注

说道："很明显，大家认为如果法国阿尔卑斯山地部队无法沿此路撤退，德国人也不可能沿此向前推进。但这是错误的，德国人充分利用了这条公路，并沿此路线迅速向前推进，以至于我们位于莫绍恩的部队根本没有时间建立阵地，看来莫绍恩也守不住了。"事实确实如此。"贾纳斯"号驱逐舰曾载一百名阿尔卑斯山地部队士兵及两门轻型高射炮驶达该地，但未待德军抵达，他们便又离开了。

＊　　　＊　　　＊

至此，挪威大势已去，整个行动基本告一段落。就德国而言，德军显然在战术运用、军队管理和士气上要更胜一筹。他们精心制订作战计划并坚定不移地加以执行。他们能够准确把握时机，在每一次行动中都大量使用空中力量。此外，他们还表现出强大的个体优势，特别是在小规模部队的组织上。以纳尔维克为例，当时德国在该地东拼西凑，只召集了差不多六千名士兵，但就是这六千名士兵与盟军的两万人部队在海湾地区对峙了六个星期之久。尽管他们最后被盟军逐出城外，但仍没有放弃抵抗，坚持到看到我们的部队被迫撤离。就我军而言，我们的海军出色地发动了纳尔维克攻势，然而由于陆军指挥官拒绝冒这个大家公认的危险，最终导致计划流产；我们把兵力分散部署在纳尔维克和特隆赫姆，然而这两处的计划都没有成功；由于英国最高指挥部的优柔寡断，最终导致我们放弃了从中部进攻特隆赫姆的计划，对此，不仅那些军事专家，而且包括轻信专家意见的政府要员们都应承担责任。在纳姆索斯，我们的部队只不过在泥泞的道路上往返跋涉了一回，毫无作用。只有在昂达耳斯内斯的远征还算是小有成效，给敌军造成了损失；更有甚者，德军只花了七天时间便从纳姆索斯步行到了莫绍恩，然而此前英国人和法国人却宣称此路不通；格宾斯率部往北撤退期间曾试图占领博多和摩城①这两地，然而德军总是

---

　　①　挪威的交通枢纽城市，位于兰河口、兰湾顶。——译者注

先我们一步抵达。另一方面，尽管敌人不得不穿越数百英里崎岖不平、冰雪覆盖的山路，尽管我们也曾奋起反抗，但我们还是节节败退。我们过去一向拥有制海权，可以突袭任何不设防的海岸，但现在却在陆地上被敌军甩在身后，德国这些陆军真可谓是不畏艰难险阻，不怕长途跋涉。挪威一战中，我们的精锐部队——苏格兰和爱尔兰卫队，在希特勒手下那些充满活力且受过良好训练的年轻部队面前败下阵来。

我们在使命的召唤下已经竭尽所能，我们很想据守挪威，然而命运或许对我们太过残忍，现在我们已经被赶出挪威。与此同时，我们真应为多次成功撤离感到庆幸。我们在特隆赫姆的行动失败了！在纳尔维克地区又进退维谷！这便是我们在五月的第一周里向英国人民、英联邦国家、我们的盟友以及对友好的或敌对的中立国交上的答卷。考虑到我在这一系列事件中所起的重要作用和我们遇到的那些难以言喻的困难，以及参谋部和政府存在的缺陷，还有我们在战争指挥方面存在的问题，我竟然没被撤职，且人们竟然还对我保持尊敬，议会也依然十分信任我，这着实令人惊讶。这是因为在过去的六七年里，我一直反对绥靖政策，我早已预料到希特勒的法西斯独裁将给整个世界带来的灾难，过去人们对此不以为然，此时，人们终于意识到了这一点。

* * *

至此，这种"隐晦不明的战争"最终以希特勒成功攻占挪威而告终。这种不明朗的状态，随着德国发动的人类历史上最可怕的军事进攻突然消失了，一切都呈现在强烈的眩光之下，人们终于认清了现实。在过去的八个月里，全世界人民都对英法两国表现出来的昏睡状态感到诧异，对此，我在之前已做了描述，这一阶段对盟军来说是最致命的。相比于战争爆发初期，法国人民和士兵此时的士气明显要低落多了。

英国的领导人虽然冷静、亲切，但却过于循规蹈矩，无法调动领

导层的士气，也无法鼓舞军工厂全力生产。因此，我们需要这样的灾难来唤醒沉睡已久的英国人民，这次灾难为我们敲响了警钟。

第八章

EIGHT

挪威：最后阶段

放弃直接进攻纳尔维克——5 月的登陆——占领纳尔维克——法兰西战役高于一切——撤退——返回英国的护航队——德国战列巡洋舰的出现——"光荣"号和"热情"号被击沉——"阿卡斯塔"号的故事——空袭特隆赫姆的德国军舰——德国舰队的瓦解

在本章中我将不按照挪威战役中战事发生的先后次序，直接叙述有关挪威事件的最后结果。

4 月 16 日以后，科克勋爵被迫放弃了直接进攻纳尔维克的想法。4 月 24 日，战列舰"厌战"号和三艘巡洋舰进行了长达三个小时的炮轰，但仍不能有效击退当地的德国驻军。我要求第一海务大臣用"决心"号代替"厌战"号，"决心"号虽然不如"厌战"号那么重要，但其炮击能力毫不逊色于后者，同样可以承担这一任务。同时，随着法国和波兰军队的抵达，特别是冰雪消融的加快，科克勋爵加紧了对纳尔维克的进攻。根据新的计划，可从纳尔维克北面的峡湾顶部登陆，穿过罗姆巴克斯峡湾，进而进攻纳尔维克。第二十四卫兵旅已经调去抵抗由特隆赫姆来犯的德军，但到了 5 月初，法国阿尔卑斯山地部队的三个营、法国外籍军团的两个营、波兰军队的四个营和大约有三千五百人的挪威军队，都可供调用。而敌军则从第三山地师获得了部分兵力的增援，这支增援部队要不就是从挪威南部空运而来，要不就是从瑞典通过铁路偷运而来。

5 月 12 日至 13 日夜间，在陆军上校麦克西的指挥下，在别耶克维克进行的首次登陆行动十分顺利，损失极小。由我派去统率挪威北部所有部队的奥金莱克将军也参加了本次行动，并在第二天负责指挥作

战。他接到的命令是切断德军铁矿石的供应，保卫挪威国王并帮助其政府稳住阵脚。这位新任的英国司令官，自然会要求大大扩充兵力，他想把兵力扩充到十七个营，再增加两百门轻型和重型高射炮和四个中队的飞机。但政府能答应调拨给他的可能只有他要求的一半。

但现在发生了几件令人震惊的事件，它们对时局有着十分重要的影响。5 月 24 日，在面临战争一败涂地的威胁下，我们决定将英法两国国内的一切力量集中起来使用，这得到了我们的一致赞同。为了保证成功破坏纳尔维克港，并掩护我方部队撤退，我们必须先占领该城市。在精明能干的贝图阿尔将军的指挥下，进攻纳尔维克的主力部队——外籍军团的两个营和挪威军队的一个营于 5 月 27 日开始行动，穿过罗姆巴克斯峡湾，顺利登陆，损失微乎其微，还击退了敌方的反攻。5 月 28 日，我们成功拿下了纳尔维克。面对兵力超过他们四倍的我军将士，德军在进行了长时间抵抗后终于不堪重负，退守山地，留下来的俘虏有四百人之多。

我们现在却不得不放弃这一切，放弃这些我们千辛万苦所赢得的一切。这次撤退本身算得上是一次大规模的行动，而舰队因为要分散兵力兼顾挪威和英吉利海峡，因此承担的任务就更加沉重了。我们还将负责敦刻尔克撤退的任务。因为作战舰队本身要做好抵抗敌人入侵本土的准备，所以许多巡洋舰和驱逐舰早已调往南部沿海一带，担任抵御敌人入侵的任务。在斯卡帕湾，可供海军总司令调遣的主力舰有"罗德尼"号、"英勇"号、"声望"号和"反击"号，它们时刻准备着应付意外情况。

纳尔维克的撤退行动动作迅速。所有法国、英国和波兰的军队约两万四千人，连同大量的物资和装备都已装上船，编成了三个护航队驶向英国，路上没有遇到敌人拦截。事实上，这时岸上获胜的敌军，人数不过几千，是一群缺乏组织的散兵。在那最后几天，我们不但出动了海军飞机，还出动了一个中队的"旋风"式飞机，从海岸基地出发，为我军抵抗德国空军提供了极其重要的保护。这个中队接到的命令是战斗到最后一刻，必要时还可以摧毁敌军飞机。然而这些飞行员

凭借着高超的技术和无上的勇气，立下了史无前例的功绩，最后他们终于驾驶着"旋风"式飞机成功降落在"光荣"号航空母舰上，和"皇家方舟"号及大部队一同回国。

为了掩护这些行动，科克勋爵手中除了有航空母舰外，还有巡洋舰"南安普敦"号和"考文垂"号，以及十六艘驱逐舰和其他较小的舰艇。当时巡洋舰"得文郡"号前去特罗姆瑟接挪威国王及其部下，所以是单独行动。科克勋爵把护航队的安排情况汇报给了总司令，为了避免敌方重型军舰的袭击，他请求给予保护。6月6日，福布斯海军上将派出"英勇"号前去与运输部队的第一护航队会合，将其护送到设得兰群岛北面，然后再去护送运输部队的第二护航队。虽然总司令要兼顾许多其他事务，但他仍然打算派出他的战列巡洋舰来保护运输舰。6月5日，总司令收到情报，说有两艘来历不明的船只正在向冰岛驶去，紧接着又接到情报说敌军已在该岛登陆，所以，他认为有必要派出战列巡洋舰去调查这些情报是否属实，结果证明消息是错的。在这不幸的一天，我们在北海的兵力广泛地分散在各处。当时纳尔维克护航队的航行以及对其提供的保护完全沿用了前六个星期里被认为是万无一失的方法，在这条航路上，运输舰和战舰包括航空母舰在内，一直由反潜舰艇护航。之前这条航线上从没有发现过德国重型军舰的活动。但现在修理完毕的德国重型军舰突然出现在了挪威沿海一带。

6月4日，德国战列巡洋舰"沙恩霍斯特"号和"格奈森诺"号，连同巡洋舰"希佩尔"号和四艘驱逐舰离开了基尔，它们的目的是对纳尔维克地区的航运和各个基地进行打击，以缓解他们残留部队的登陆压力。德军在6月7日才得知我们准备撤退的打算。当德国海军司令收到英国护航队已在海上的消息，他做出了袭击英军的决定。8日清晨，德军遇到了由拖网渔船护送的一艘油轮、一艘空的运兵舰"奥拉马"号和救护船"亚特兰蒂斯"号。德国海军司令因尊重"亚特兰蒂斯"号的豁免权放了它一马，但将其余几艘船只全部击沉。当天下午，"希佩尔"号和驱逐舰回到了特隆赫姆，但另外两艘德国战列巡洋舰还继续在海上搜索猎物。到了下午四时，搜索行动得到了回报，

他们发现了英国航空母舰"光荣"号及其护航驱逐舰"阿卡斯塔"号和"热情"号的浓烟。当时"光荣"号正航行在护航大部队前方约二百英里的地方，脱离护航大部队是因为燃料不足，因此"光荣"号决定当天上午一大早单独出发准备回国。然而这一解释并不能令人信服，因为"光荣"号理应有充足的燃料和护航队保持同样的速度。所有的舰艇都应该一起行动。

大约在下午四时三十分，双方开始交锋，此时双方相距两万七千码有余。因为距离相隔甚远，"光荣"号的四英寸口径大炮完全派不上用场；"光荣"号曾试图让鱼雷轰炸机升空进行战斗，但还没等到飞机起飞，前飞机棚就已被击中起火，无法把鱼雷从舱下吊上来装到轰炸机上。在接下来的半小时里，"光荣"号受到沉重打击，完全失去逃脱机会。到了五时二十分，它的舷侧严重倾斜，于是舰长下令放弃该舰。大约在二十分钟后，"光荣"号便沉没了。

护航的两艘驱逐舰表现得可圈可点。它们放出烟幕，设法掩护"光荣"号。在被击沉前，它们都曾向敌舰发射鱼雷。没过多久"热情"号就沉没了，因此由皇家海军 C. E. 格拉斯弗德海军中校指挥的"阿卡斯塔"号不得不独自面对大占上风的敌舰。舰上唯一的幸存者——一等水兵 C. 卡特讲述了它的故事：

我们的舰上像死一般沉寂，没有一个人说话。军舰现在正全速避开敌舰。紧接着，我们听到一连串的命令：准备好所有漂浮烟幕筒，接上软管，做好各种准备工作。所有的烟幕筒都已放开了，我们一边放一边全速避开敌舰。然后舰长给各作战岗位下达了下述命令："大家也许会认为我们正在躲避敌舰，准备逃脱，其实并非如此。我们的友舰'热情'号已被击沉，'光荣'号也正在沉没，现在我们至少要给敌人一些颜色看看，祝大家好运。"接着我们改变了航程，进入我们自己释放的烟幕中隐蔽。我奉命负责发射第六和第七鱼雷射管。不久，我们便驶出了烟幕，右转改变航向，从左舷发

射鱼雷。这时，我才第一次瞥见了敌舰，说句实话，我似乎看到了一大一小两艘（军舰），和我们相距非常近。我从（船尾）鱼雷射管发射了两枚鱼雷，军舰最前方也在开火，我们都在等待着结果。突然欢呼声骤起，这欢呼声我一辈子都不会忘记。我看见在一艘敌舰船首左舷上，黄色光亮一闪，浓烟腾空而起，巨大的水柱顷刻向上直冲，我们知道我们已经击中了目标，由于离敌舰很近，我个人认为鱼雷绝不会射偏。但虽然离得近，敌舰却没有向我们开炮，我猜测可能是因为这次袭击太意外了。发射完鱼雷后，我们又回到我们自己的烟幕中，右转再次改变航向。"做好准备，发射剩下的鱼雷。"这次我们刚将舰艇伸出烟幕，就遇到了敌舰迎面而来的狠狠一击，一颗炮弹击中了机器舱，我的组员因而丧命，我也被抛到了发射管后面。我当时有一阵一定是晕过去了，当我醒来时，感到手臂很痛，军舰已经停止不动了，并向左舷侧倾斜着。但是神奇的事情发生了，不管你信还是不信，我居然爬回到了我的控制座里，我看见了那两艘敌舰，就把剩余的鱼雷一股脑发射了出去，没人命令我这么做，我猜我是疯了，也许只有上帝才知道我为什么要这样做，但我的的确确发射了剩余的鱼雷。虽然"阿卡斯塔"号舰侧已经倾斜了，但舰上的大炮还是一直不停地怒吼着。后来有几次敌舰的炮弹击中了我们，船尾右侧还发生了一次大爆炸。我直到现在还会经常怀疑，是否当时敌舰使用了鱼雷来袭击我们？不管怎么说，这次爆炸似乎把军舰从海面上悬空提了起来。最后，舰长下令弃船。我永远都会记住那个上尉医生[1]，"光荣"号是他登上的第一艘军舰，这次战斗也是他一生中的第一次战斗，在我跳入海中以前，我看见他仍旧救治着伤兵。在海里，我看见舰长靠在舰桥上，从烟盒里拿出一支烟。我

---

[1] 皇家海军义勇后备队的临时医生斯坦莫斯。

们向他喊叫着，让他上我们的救生艇，但舰长挥了挥手，说了句"再见，祝你们好运"。这个勇敢的人，就这样结束了他的一生。

由此，一千四百七十四名皇家海军的军官和士兵、四十一名皇家空军人员就这样为国捐躯了。虽然花了很长时间搜寻生还者，但后来只有三十九人经一艘挪威船救起并带回国。此外还有六人被敌船救起带到了德国。德舰"沙恩霍斯特"号被我方"阿卡斯塔"号的鱼雷击中，受到重创，向特隆赫姆驶去。

当这场战斗正在进行的时候，载着挪威国王及其大臣的巡洋舰"得文郡"号约在西南方向一百英里的海面上。从北方驶来与护航队会合的"英勇"号还离得很远。从"光荣"号上只发出了一封电报，并且全是乱码，根本无法看懂，由此可以推测该舰艇的主要无线电讯设备在一开始就已被损坏。只有"得文郡"号收到了这份电报，但该舰的工作人员并没有意识到电文的重要性，所以不愿意为了发送这份电报打破船上的寂静，因为这样做很可能会暴露舰艇所处的位置，是非常危险的，这在当时的环境下也是不允许的。等到第二天早晨，大家才开始怀疑起来，当时"英勇"号遇上了"亚特兰蒂斯"号，才得知了"奥拉马"号被击沉和敌方主力舰已经开到海上的消息。"英勇"号发电报传递了这个情报，并加快速度和科克勋爵的护航队会合。总司令福布斯海军上将立即率领他仅剩的军舰"罗德尼"号、"声望"号和六艘驱逐舰出发了。

英勇的"阿卡斯塔"号重击了"沙恩霍斯特"号，对时局产生了重要影响。敌人的这两艘战列巡洋舰因此放弃了下一步战斗行动，立即回到特隆赫姆。德国最高统帅部对于海军司令非常不满，因为他没有遵守命令，擅自放弃所指定的攻击目标，随后，他们又派出了"希佩尔"号，但为时已晚，于事无补了。

10日，福布斯海军上将下令命"皇家方舟"号加入他的舰队。情报显示敌舰正聚集在特隆赫姆，所以福布斯打算发动空中打击。11

日，皇家空军轰炸机展开攻势，但毫无成效。12 日早晨，"皇家方舟"号的十五架"贼鸥"式飞机发动了俯冲轰炸袭击，但敌方侦察机早已发现了我军的踪迹，提前发布了预警，结果我们反而损失了八架飞机。最后还发生了一件更为不幸的事，根据我们现在所了解的情况，当时有一架"贼鸥"式飞机所投的炸弹正好命中德军的"沙恩霍斯特"号，但炸弹居然没有爆炸。

当这些悲剧还在进行时，从纳尔维克驶来的护航队安全地回到了目的地。英国在挪威的战役就此结束了。

* * *

在这次混乱的残局里，出现了一个可能会影响到未来战局走势的重要事实。在与我方孤注一掷的海战中，德军断送了他们自己的海军，从而已无法应对即将来临的战争高潮。盟国在这次挪威海战中损失了一艘航空母舰、两艘巡洋舰、一艘海岸炮舰和九艘驱逐舰；此外，盟国方面还有六艘巡洋舰、两艘海岸炮舰和八艘驱逐舰受创，但都可以在我们海军实力的范围内进行修复。另一方面，在 1940 年 6 月底这个重要的日子里，德国舰队能出海作战的只有一艘装有八英寸口径大炮的巡洋舰、两艘轻型巡洋舰和四艘驱逐舰。虽然他们受创的大部分军舰也能修好，但就侵犯英国这个最高目标来说，德国海军已不再是一股重要力量了。

附录（1）

灯火管制

——1939 年 11 月 20 日海军大臣的意见

1. 我冒昧地向我的同僚提出建议，当现在的月亮开始亏缺时，要适当地调整灯火管制系统。我们知道，德国政府目前的政策，并不是要对英、法两国一通乱炸，德国轰炸非军事目标是捞不到半点好处的。而德国要轰炸军事目标，最好的，也许唯一的办法，是在白天或趁着月光进行。如果他们改变了这个政策，或者如果我们发出了空袭警报，那时再熄灭灯火不迟。现在，可以在有空袭发生时再熄灭街道灯火。但是，如果敌军夜间发动空袭仅仅是为了杀戮平民，那么，无论城市里面是否熄灯，敌军都可以按照定向方位和地图轻松找到伦敦。敌机不需要城市的灯火指引方向，而且如果敌军在进入我国之前就熄灭灯火，那更谈不上引导了。但是不管怎样，这和有没有灯火并无太大关系。

2. 当然，我们也没有必要将整个街道的灯火像和平时期一样全开，还有很多种改良方式。巴黎街道上实行的灯火管制系统符合实际情况，又十分有效。可以照亮六百码的范围。街道灯光的亮度足以让车辆安全驶过，但又比和平时期略暗一些。

3. 我们为采取目前这种方法，付出了惨重的代价。首先，失去生命；其次，正如空军大臣所抗议的一样，这种方法妨碍了军火生产，妨碍了海港工作，甚至还妨碍了西岸工作的进展；第三，使得人民焦躁不安，情绪低落，影响了他们的作战能力，而且，人们认为这种措施并不合理，这损害了英国政府的威信；第四，使得在黑夜中的街道上和熄了灯的火车上的妇女和少女们担惊受怕；第五，对商店和娱乐场所造成影响。

所以，我主张从 12 月 1 日起实行以下措施：

（1）各城市、乡镇、农村的街道应当恢复较暗或限制的照明。

（2）允许汽车和火车使用较亮的灯光，即使要冒一定的风险。

（3）现行的房屋灯火管制中，人民已经习惯的应继续保持；但是，不要再因为一些轻微违反规定的行为就施以令人讨厌的责罚。（我在报纸上看到，一名男子因为在某处吸烟，火光太亮而招致惩罚，还有一名妇女，为了照顾生病的孩子而开灯，也被罚了款。）

（4）这种通融办法如获批准，还要加以有效宣传，如用无线电多次广播，在各加油站给汽车司机分发宣传手册，告诉他们，听到空袭警报要立即停车熄灯。对于个别听到警报声还不熄灯的司机要予以惩罚，以儆效尤。

4. 也许我们可以按照这种情况度过接下来为期三个月云雾较多的冬季。如果战争日益激烈起来，或者如果我们做了什么引起敌人报复的事情，我们随时可以恢复现在的灯火管制办法。

丘吉尔

附录（2）

关于防御磁性水雷的各种措施的节略

在战争爆发前，大家就对磁性水雷和鱼雷的一般性能十分了解了，但德国研发的这种特殊水雷当时还无人知道。直到 1939 年 11 月 23 日，在休伯里纳斯捞到了一个以后，我们才立即将过去研究得来的知识应用于寻找适当的应对方法。

首先需要扫雷方法；其次，为各种船舶提供消极的防御方法，防止它们在未扫雷或者未完全扫雷的水道上触雷。这两个问题得到了有效解决，那么以下内容将简单地叙述战争早期阶段所采取的技术手段。

积极的防御扫雷新方法

磁性水雷

要扫除磁性水雷，就必须得在水雷附近设置一个足以引爆水雷的强大磁场，这样水雷就可以在扫雷艇的安全距离外爆炸。早在 1939 年初，我们就设计了一艘破雷舰，并很快对其加以实验性使用。舰上配有强大的电磁装置，前进时可以引爆前方的磁性水雷。1940 年初，破雷舰取得了一些成果，但是也发现这种方法在大规模使用上不十分适宜和可靠。

同时我们又研制了各种用浅水船只拖带的电力扫雷器，也试用过由低空飞行的飞机携带电磁线圈的方法，但是这个方法存在许多实际困难，也会给飞机带来一定的危险。在所有我们试验过的方法中，

L. L. 扫雷法似乎最有可能成功。我们很快就集中力量研究这种方法，使之更为完善。L. L. 扫雷法的扫雷装置由一根长长的粗电缆组成，一般将其称为"尾巴"，这根电缆由一艘小船拖带，两艘或两艘以上一起行动。强烈的电流按照仔细调试过的时间间隔流经这些"尾巴"，这样就可以使水雷在距离扫雷艇相当遥远的地方爆炸。设计这种装置的人员遇到的困难之一是要让这些电缆具有浮力。这个问题已由电缆工厂解决，起先是在电缆上套一层"索博"橡皮套，后来又采用了缝合网球的方法，效果也十分显著。

到了1940年春季，L. L. 扫雷船的使用逐渐增多。此后，这个问题就在德国的水雷设计专家和英国的扫雷专家两方面智力的斗争中得以解决。德国人常常改变水雷的性能，而每一次改变又被扫雷器的改进所破坏。虽然敌人偶有得手，并且在某个时期内获得了主动权，但最后都是被英国对手制服。我们往往预料得到德国改变了水雷构造，所以事先准备了应对方法。直到战争结束，L. L. 扫雷法一直都是对付磁性水雷最为有效的办法。

音响引爆水雷

1940年秋季，敌人开始使用一种新的"音响引爆"水雷。这种水雷由船舶推进器在水中行走的声音引爆。我们先前就料到会出现这种水雷，所以早就准备好了应对办法。解决方法是让扫雷艇发出一种合适而又足够尖锐的声音，在距离很远的地方引爆水雷。在试过的各种方法中，以安装在船龙骨下防水容器内的"康果震动锤"最为有效。具体的效果取决于找出合适的震动频率；和以前一样，想要迅速取得成效，我们得先获得一个这样的敌军水雷样本。好运再次降临，我们在1940年10月发现了第一个音响引爆水雷，到了11月，又在布里斯托尔海峡的泥滩上打捞起两个完整水雷。这样，很快就能找到应对方法。

不久，我们发现敌军在同一片水雷区域内兼用音响和磁性引信装置，无论哪一种，都能引爆水雷。另外，还出现了许多反扫雷装置，

引信装置在受到第一次或预定的若干次刺激时，或者使水雷在铺设完成后的某一时间段内，先不爆炸。所以，我方扫雷艇彻底清扫过的，或者清扫过数次的水道内，也许仍然存在若干随后才会"成熟"的危险水雷。虽然德国人因其聪明才干斩获颇丰，而且1941年1月我们因索伦特试验场遭到轰炸，许多有价值的记录被毁，损失惨重。但是，双方没有硝烟的智慧之战还是在对我方有利的情况下进行着。我们最后的胜利，就是对各有关方面不倦地努力工作的赞扬。

消极的防御

消磁

众所周知，凡是钢制的船舶，都有永久性和感应性的磁性。由此产生的磁场的磁力也许足够大到可以触发水中的经过特别设计的水雷引信装置，但可以通过减少磁场的磁力来避免这种危险。虽然不能保证在浅水中绝对安全，但是消除一定程度的磁性显然可以做到。1939年11月底以前，朴次茅斯进行的初步试验表明，可以在船身上以水平方向缠绕电缆，用船自身的电力为电缆通电，以减少船舶的磁性。海军部立刻接受了这一方法，这样一来，凡是有发电设备的舰船，都可以通过这个方法得到相当程度的保护。此外，还要加紧做出进一步的研究以确定更准确的消磁方法，同时也立即加紧进行大规模的准备，用这种防御方法来保护舰队。我们旨在保护那些在水深超过十英寻海域内航行的舰船，使其不惧怕磁性水雷，而扫雷艇及其他小舰艇则在更浅的水域也可以安全航行。我们在12月间进行了大规模的试验，表明这种"消磁圈"可以让船只相对安全地航行在别的没有安装这类装备的船只航行水深的一半深度的水域内。不但如此，装备这种设备不用改变船身结构，也不用添置精密机械，只是可能有些船只需要增添发电设备罢了。临时电缆圈可以作为紧急措施绕在船壳外面，这种工作几天内就能完成。但是这种装备在船内使用较为长久的设备仍然要在适当时机尽早装上。这样，按照前一种情况，基本不会耽搁正常的船只周转。这种方法称为"消磁法"。而且，海军还成立了一个组织，这个组织由海军中将莱恩·普尔领导，监督装备此类设备。

与这项工作相关的供应和管理问题十分繁重。调查显示，仅消磁圈一项，每星期所需的电缆就长达一千五百米，而国家的产量最初只能供应上述数量的三分之一。我们的产量可以逐步提高，但只有通过牺牲其他需求才能做到。所以，要满足所有的需求只能从国外大量进口。此外，必须要给各海港配备训练好的人员管理安装工作，确定每一艘舰艇的实际需要量，给地方负责航运调动的有关方面予以技术指导。所有这些保护性措施，把英国和各盟国商船队的大量船只都包括在内。

到 1940 年最初的几周内，这个组织蓄势待发。这一阶段，主要是让各个船舶能够在我国海港，尤其是有重大危险的东部沿海各港自由进出。所以，我们所有的力量都集中到了装备临时消磁圈上，全国所有生产出来适用的电缆都被征用了。电缆工人夜以继日地工作以满足需求。这一阶段许多出海的船只，船身上都缠绕着电缆。这些电缆到了外海，可能无法承受海浪的冲击，但船只至少可以安然通过危险的沿岸水域，在它们再次进入有水雷的区域之前，能够重新安装。

拭去磁力法

除了上述方法外，还研发出了另一种更为简单的磁力拭去装置，就是现在所谓的"拭去磁力法"。这个方法就是将一根粗电缆放置在靠船身处，接通岸上供应的强大电流，这些工作可在数小时内完成。船上没有必要安装永久性电缆，但是这个过程要每隔几个月就重复一次。这个方法对大型舰船无效，但却适用于经常航行在危险地带的大量小型沿海船只，这样一来，大大地减少了消磁圈部门的压力，节约了大量的时间、材料和人力。盟军从敦刻尔克撤退时，更是显现出了其独一无二的价值。那时大量各式各样不经常派往外海的小型船只，在经过这种简单的处理之后，就可以在英吉利海峡沿岸的浅水区航行。

商船的消磁

——1940 年 3 月 15 日海军大臣的备忘录

我的同僚定会知道，对抗水雷最为有效的方法就是消除船舶的磁性。这样船只在超过十英寻的水域航行时，可以不受磁性水雷的威胁。

在联合王国各海港从事贸易的英国船只，需要安装消磁圈的，共有四千三百艘。

消磁圈的安装工作始于 1 月中旬。截至 3 月 9 日，已有三百二十一艘军舰和三百一十二艘商船安装完毕。同一天，还有二百一十九艘军舰、约二百九十艘商船正在安装。

电缆的供应目前已经制约了安装速度，不过供应情况正在迅速改善。目前看来，今后可能影响安装速度的就是船厂劳动力的供应了。

如果将部分英国船只安装消磁圈的工作交由外国船坞进行，会大有裨益。和我国有贸易往来的中立国船只，约有七百艘。中立国船员，特别是挪威船员，开始对来往我国各港贸易航线上碰到水雷的危险感到不安。中立国船只的安全和中立国船员的信心，对我们极其重要，我们完全有理由向其提供消除磁力所需的技术，给同我国有贸易往来的船只消磁。

将英国船只交给外国船坞消磁，并将消磁方法推广到中立国的船上，自然有好处，但我们还要考虑到泄露秘密所造成的不利。如果敌人知道了我们所采用的方法，或许一是会增加水雷的灵敏度，二是在同一雷区内，布设磁极相反的两种水雷。如果秘密得以保守，就可以延缓敌人采取反制措施的速度。但是，一定要让国内所有修理船舶的厂家知道我们的消磁圈设备的技术细节。如此广泛地散布资料，几乎可以肯定，敌人很快就能知道。

不过，敌人的这两种办法，于敌人亦有不利之处，因为：

1. 会使水雷更容易扫除，而且也降低了没有安装消磁设备的船只的危险，因为过于灵敏的水雷会在距离船只很远的地方，或是船只的前方爆炸。

2. 调换水雷的磁极，只会对某些难以彻底消磁的船只有效，而且还需给水雷安装更灵敏的引信。

自从"伊丽莎白女王"号驶抵纽约，以及后来在报上把这件事宣布以后，以上情形就有了改变。敌人现在已经知道我们所采用的防护措施的原理，又知道自己的水雷构造，所以不难推测出消磁圈的作用。所以，现在他们可以在自己能力范围内采取反制措施。报纸上的内容更是使得中立国家加紧要求得到这些资料。如果继续拒绝告诉别人这些机密，实在是和我们鼓励中立国家船只与我们进行贸易的政策相左。

我的顾问人员认为，既然如此，那么现在我们不把这种技术资料看作机密文件，对我们也没有什么重大损失。

因此，海军部提出：

1. 如有必要，可以让中立国家的船厂帮助我国商船安装消磁圈，以填补我国在这方面的资源不足。

2. 如有必要，可向中立国家提供这种技术资料，使中立国家与我国有贸易往来的船只安装消磁圈。

丘吉尔

附录（3）

"六号耕地机"

　　在这几个踌躇不定并在进行分析的月份中，我在一个问题上想了很多，并尽力让其得以实现。我认为一旦开战，这个想法可能派得上用场。我们为了保守秘密，一开始称之为"白兔六号"，后又改称"六号耕地机"。

　　这种方法对陆军比较有利，他们可以不用蒙受重大伤亡就能到达并且穿越敌军战线。我认为我们不妨制造一种能够在地上挖出壕沟的机器，机器挖掘的壕沟深度和阔度要足以让进攻的步兵穿过，不久还可以让进攻的坦克较为安全地前行，步兵和坦克越过无人地带和铁丝网，出现在敌军的防区，这样一来，我们就能以和敌军相当甚至更为优越的兵力抵近作战。挖掘沟壕的机器必须要全速前进，在黑夜中的数小时内，穿越敌我两军阵地，挖出一道壕沟。我希望速度可以达到每小时三至四英里，但是如果每小时速度只有半英里，也无妨。如果要将这种方法应用到一条长约二十至二十五英里的战线上，就得用到二三百架这种掘壕机，等到天亮的时候，就有一队锐不可当的坚强步兵到达并深入德军阵地，而他们的后方就是数百条交通壕，大量的援军和军需品就可以循着这些交通线不断前进。这样一来，我们就可以出其不意，不损一兵一卒地深入敌军阵地。这种方法可以不受限制地重复使用。

　　我二十五年前命人制造第一辆坦克时，就请了海军建设局长德因纳科特来帮助我解决这个问题。因此，在11月，我又向现在担任这个最重要职务的斯坦利·古多尔爵士提出了这个问题，他派出了自己最得力的助手之一霍普金斯负责此事，还拨了十五万英镑用于实验。位于林肯的拉斯敦·布希鲁公司用了六周时间设计并建造了一个工作模型，这个具有启发性的小机器，长约三尺，在海军部地下室的沙地上进行了试验，效果良好。得到了帝国总参谋长艾恩赛德将军和其他英国军事专家的积极支持，我便邀请首相和若干同僚观看成果。后又将这个机器带到法国，展示给甘末林将军和乔治将军，他们都赞不绝口。12月6日，我得到保证将立即在1941年3月之前订造二百架机器，并在制造上给予其绝对优先权。同时，有人建议说可以制造大些的机器，掘出一条足够宽的壕沟让坦克通过。

内阁和财政部于1940年2月7日批准建造二百辆挖狭壕的"步兵"式机器和四十辆挖宽壕的"军官"式机器。设计十分新颖，所以首先要建造的是主要部件的试验型号。4月，我们遇到了一些困难。我们过去一直依赖于单一的"默林—马林"型发动机，可是现在空军部却需要功率更大的此类发动机，我们就只能改用其他较为笨重，体积更大的发动机。之后制成的机器，重达一百吨，长七十七英尺，高八英尺。这个庞大的机器可以在普通的耕地上掘出一道深五英尺，宽七英尺半，长半英里的壕沟，挖出的泥土达八千吨。1940年3月，整个制造程序都移交给了军需部的特殊部门。涉及制造机器零件以及组装机器的各个厂商共计三百五十家，都对最高机密守口如瓶。还对法国北部以及比利时的土壤做了地质分析，选定了若干适合区域，在那些地区使用这种装备并将其作为发动强大进攻计划的一部分。

但是，这些工作在进行的过程中经过了许多说服和推动，结果还是一无所获。一个完全不同的战争方式很快就要以排山倒海之势向我们袭来，将阻挡在前面的一切一扫而光。正如不久之后我们看到的一样，我二话不说，立刻将这些精心策划的事情搁置在一边，把它使用的资源转移到别的事情上。只是制好了几个成品，供某种特别的战术用途，或者用作紧急挖掘反坦克壕沟之用。到1943年5月，我们只有

一个试验性的原型机、四个狭壕机、五个宽壕机，有的已经交付，有的还在制造当中。我看过全尺英寸有着惊人效力的原型机试验后，说："撤销五架'军官'式机器中的四架，但四架'步兵'式机器应妥善保存。日后有派得上用场的时候。"这些保存下来的机器，一直在仓库中存放到1945年夏季。当时正值我们想用其他方式冲破齐格菲防线。这些机器只保留了一架，其余全部拆除。这就是"六号耕地机"的原委。我对此事负有责任，但并不后悔。

丘吉尔

附录（4）

"皇家海军"作战计划

海军大臣节略

1940 年 3 月 4 日

1. 在 3 月 12 日以后，可能在任何时间，在发出通告的二十四小时内开始海军作战行动。那时，按照原计划，可用的海军漂浮水雷将有两千枚，而且这些水雷有三种不同的类型。此后，安排每周最少可以供应一千枚水雷。英国海军部队抵达战场，所有所需物资准备到位。地方上的种种安排已经通过甘末林将军和达尔朗海军上将同法国谈妥。据信这些水雷可以让卡尔斯鲁厄以下一百英里的河流受到威胁。将兵力和特殊物资集结在离敌军前线那么近的地方，就算是在马奇诺防线之内，危险总是难免的。报告称本月河道状况良好。到了 4 月，冰雪消融，可能河水会深一些，就得把水雷的尾部加长。同时，支流的水可能暂时不会汇入干流，甚至倒灌。

2. 空军要等到四月中旬再次月圆的时候，才能做好准备。所以，除非事态到了非动手不可的地步，否则最好还是等到那时候，这样我们就可以同时干扰整条河流，让敌军分不清我方海军是从何处出发的。到了 4 月中旬，空军会得到大量水雷，就可以趁着月色每晚出动，在宾根和科布伦茨之间的各个流域内布雷。两种水雷在到达荷兰边境之前都是无害的。希望在 4 月底以前，专用于静水运河的特制水雷可以准备就绪；截至 5 月月圆之夜，计划投放到流入赫尔戈兰湾各河河口处的水雷，也当准备妥当。

3. 因此，这一庞大的布雷行动应当依照以下时间表进行：

第一天，发布公告，申述德国袭击英国海岸、船舶和各河口的情形，并宣布自此以后（只要英国继续受到攻击），莱茵河就是已布雷和禁止通过的区域。对各个中立国家以及人民发布二十四小时的通告，禁止使用或者渡过莱茵河。

第二天，午夜之后，用这两种方法在河流中布设尽可能多的水雷，这个行动必须每夜连续进行。届时，有大量的水雷可以利用各种方式进行布设。

第二十八天，开始在各静水流域和河口布设水雷。之后，只要有机会，就持续进行布雷，直到敌人不再进行我们现在正在遭受的袭击，或是得到其他的结果之前，不能停止。

4. 原则上，需要做的决定如下：

（1）在目前的情况下，使用这种作战方式是否得当，是否有效？

（2）事先是否必须给出警告？若是给出警告，就无法达到使敌人措手不及的效果了。但是，这一点并不是决定性的，毕竟我们的目的不在于搞破坏，而是要阻止敌人使用河流以及内陆水道。

（3）我们是要等到空军准备就绪以后执行这个计划，还是在 3 月 12 日之后就尽快开始呢？

（4）假如敌方打算实施报复，那会是如何报复呢？除了我们已被围困的沿岸港口外，英、法两国都没有和莱茵河相似的地区。

5. 负责此次行动的第五海务大臣，最好在星期四前往巴黎作最后的详细协商，探明法国政府的反应。根据达拉第、甘末林将军和达尔朗海军上将的态度，法方应当反应良好。

附录（5）

1939 年 9 月

海军大臣致秘书及各部门：

为了避免混淆，今后一律将德国潜艇称作 U 型潜艇。

1939 年 9 月 4 日

海军大臣致海军情报局长及秘书：

1. 这份公报写得很好，我也同意里面的原则。但是我们在初级阶段（大约是 9 月份）可能会损失惨重，做出我们正在消灭敌军潜艇的说明将尤其重要。之后，再实行缄默策略。麦克纳马拉上校起草的每日公报，在第一星期内，如果可能，应该先交海军大臣过目。但是，如果海军大臣不在，也应立即发表，不得迟延。最为重要的是，海军部的公告要保持良好的信誉，语调不可牵强。今天发表的公告，语调就十分合适。

2. 议会开会期间，如果有什么事情需要报告的，无论好坏，海军大臣或海军部政务次官都应当在下议院中一一做陈述，以答复友善的、私下提出的问题。

草拟这种说明的时候，要和作为海军大臣议会事务顾问的政务次官进行协商。如果是惊人的或是重要的事件，就要由海军大臣或第一海务大臣慎重审查。

3. 在下议院发表任何有关海战的说明时，都应将内容通知上议院议长斯坦诺普勋爵。

此外，海军大臣希望他的私人秘书可以在最初的几周内，随时将斯坦诺普勋爵可能感兴趣的问题告诉他。勋爵一向和海军部保持着密切的关系，不应切断他与海军部的联系。

1939 年 9 月 6 日

海军大臣致情报局长（密件）：

爱尔兰西海岸的形势如何？有没有在爱尔兰海岸的小海湾或入口处发现任何接应德国潜艇的迹象？看来我们似乎得花钱雇佣一些可靠的爱尔兰特工人员，严密监视海港。这件事是否已经在进行？请汇报。

1939 年 9 月 6 日

海军大臣致海军副参谋长：

请向我报告多佛尔海峡布雷工作的进展，以后每周报告一次。

1939 年 9 月 6 日

海军大臣致军需署长：

1. 用旧商船弥补船只吨位损失的事情处理得怎么样了？能调出多少？这些船只在什么地方？请你附上吨位列一份明细给我。还必须安排人员进行船只入坞、擦洗船底的工作，不然我们的速度将受到极大限制。

2. 至于怎样极力争取中立国的船只，我十分愿意听取建议。

1939 年 9 月 6 日

海军大臣致第一海务大臣、军需署长及其他人：

1. 现在批准建造巡洋舰，要知道即使在战时也要两年才能完成，现在考虑为时过早。这个问题可在今后三个月内再作考虑。既然现在没有任何条件约束我们，那么今后所建造的巡洋舰就必须是新式的，这些新式舰艇足够制服德国在建的五艘配有八英寸口径大炮的巡洋舰。

2. 请让建设局长在方便的时候，给我准备一份关于一万四千吨级或一万五千吨级巡洋舰的说明，舰身必须配有九点二英寸口径的大炮、优质的铁甲、足以抵御八英寸口径大炮的袭击、航程与速度必须超过现在的"德意志"级战舰或者配有八英寸口径大炮的德国巡洋舰。我们需要得到美国的帮助，才能建造此类舰艇。

3. 计划中提到的其他部分，都与搜索潜艇有关，而且应当在年内准备就绪，因此已经核准。

请告诉我预计的交付期限。

4. 我十分愿意就有关海军部的一般政策问题进行讨论。

1939 年 9 月 6 日

海军大臣致首相：

看起来让居民完全熄灭他们私人住所的灯火十分重要，到目前为止，所采取的措施已经初显成效。但是，由两三个中心点控制的庞大的照明设备，当然就另当别论了。

居民区要实行灯火管制，但为什么不在空袭警报发出以前，让可以控制的灯光继续照明？这样，一旦汽笛响起，整个照明系统可以立刻熄灭。这样可以让空袭警报发挥更大作用，当解除警报的汽笛响起时，灯火全部开启，大家都明白警报已经解除。这样一来，既免去了不便之处，又避免了黑暗引起的沮丧情绪。此外，灯火全部熄灭之前有至少十分钟的多余时间，我们尽可从容进行。

如果你对此事没有异议，我就通知我们的同僚了。

1939 年 9 月 7 日

海军建造舰船的完工日期
——军需署长所准备的列表说明

海军大臣致军需署长：

在和平时期，我们年年在政治困难的时候建造舰船，以保持海军部的实力。而在战争时期，一个明确的战术目标必能激励整个海军造

舰事业。如果我们能弄明白德国和意大利的海军实力，无论是实际的
或是潜在的，我们就能清楚地知道我们需要应付哪些舰船。因此根据
现有的资料，请告诉我这两个国家到1941年为止能和我们匹敌的舰队
实力，包括实际的和预期的。到了1940年底，德国潜艇构成的威胁还
会愈演愈烈，所以今后驱逐舰建造设计的重点必须放在数量和速度上，
而不在大小和火力。应当设计一种不到一年即可完成的巡洋舰，若设
计成功，就立刻建造最少五十艘。我深知需要建造一定比例的小型舰
队的主力舰和能执行远洋任务的大型驱逐舰，但如果我们的舰队里有
五十艘驱逐舰来应付我所设想的紧急情况，我们就可以把大型舰艇替
换下来，去执行远洋任务并参与战斗。

　　除了这份报告中所提及的要新建的舰船，请向我说明我们现在所
有驱逐舰舰队的整体情况。在我没有熟悉我们驱逐舰的实力之前，我
不准备了解护航舰艇等情况。

1939年9月9日

海军大臣致军需署长、建设局长及其他人员：

　　在9月12日（星期二）九点半的会议召开前，需要考虑以下
问题：

　　1. 凡在1941年年底之前不能作战的战斗舰，全部工程暂停一年。
这个决定在以后的每半年可以重新考虑一次。我们的工作要放在"英
王乔治五世"号、"威尔士亲王"号和"约克公爵"号上。如果"杰
利科"号能在1941年完工，那就继续建造，否则就予以停工。

　　2. 所有航空母舰的建造项目都应当根据加速计划继续进行。

　　3. 我们要集中力量建造可在1941年年底完工的"迪多"级巡洋
舰。借助强制性的行政措施应该可以把目前整个计划限制在不可逾越
的界线内，也就是能竣工十艘舰船。等到这个问题解决了，我们才会
建造新的"迪多"级巡洋舰。

　　4. 至于"斐济"级巡洋舰，不要了！关于把火力不强的舰船分散
到海上各处的政策应该予以取消，因为如果碰到德军配有八英寸口径

大炮的万吨级巡洋舰（德国马上就能有五艘了），这些战舰既不能与之战斗，又不能逃脱。关于将两艘"斐济"级巡洋舰同一艘配有八英寸口径大炮的巡洋舰进行战斗的想法，永远都不可能实现。所有过往的经验都表明，一支弱小的舰队是打不过一艘强大的舰艇的。

5. 我非常失望地发现，要等到1940年年末，即十六个月以后，我们才能接收十艘驱逐舰，而今年只有七艘，而且在第一艘接收之后，剩下的六艘还要再等九个月才能交货。不过我们已经接收了六艘将于1940年交付的为巴西建造的战舰，它们的到来将缓和局势。所以还请全力以赴，继续完成我们的工作吧。为了适应19世纪90年代的法国"蚊"式舰队的需要，这些号称"驱逐舰"的舰艇离"鱼雷艇驱逐舰"的设计初衷相差甚远。它们实际上是没有装甲的小型巡洋舰，但所费人力和财力却远胜于其抵御同等舰艇火力的能力。不过，这些舰艇在参与作战和抵御海上巨浪时，能起到很好的作用。

6. 快速护航舰：我现在知道，这种战舰实际上就是有一千吨排水量的中型驱逐舰。应当竭尽全力加快这类舰艇的建造工作。

7. 我们同样也有捕鲸船式的舰艇——但它们重达九百四十吨，当所需数量极大时，费用就十分庞大。我怀疑我们的美元储备能否让我们在美国定造四十艘这样的舰艇。如果我们能自己设计、制造另外一种舰艇来补充捕鲸船，那就更好了。

8. 我要求成立一个委员会，由三名熟悉小型舰队工作的海军军官和两名技术专家组成，应当立即开会解决以下问题：

计划建造一种既可以反潜艇又可以反空袭的军舰，这种舰艇国内众多小船厂一年之内就可完工。一旦设计图纸审核通过，就着手建造一百艘。武装和设备必须尽量简单，同时还应密切关注大规模生产的要求。这些军舰的作用就是接管爱尔兰海峡、英吉利海峡、西海岸入口近岸一带、地中海和红海地区，抵御潜艇袭击，并且换下驱逐舰和快速护航舰，让它们扩大执行任务的范围。

我冒昧提出以下细则，请委员会予以审查和修正：

（1）五百吨到六百吨的排水量；

（2）十六海里到十八海里的航行速度；

（3）两门四英寸口径的大炮，大炮型号可以从其他地方调来的大炮型号为准，最好是高射炮；

（4）装有深水炸弹；

（5）不装备鱼雷，行动范围较小。

符合以上要求的这些舰船将被视为"廉价克星"（"廉价"是对我们而言，"克星"是对敌人的潜艇而言）。这些舰船是为了一项特殊紧急的工作而造的，当任务完成后，毫无疑问对海军就用处不大了——但还是让我们把这个工作完成吧。

9. 潜艇建造项目已经获批，因为它们依然能派得上用场。

如果你能在明天晚上对上述想法逐一发表看法，我将感激不尽。

1939 年 9 月 11 日

海军大臣致第一海务大臣、军需署长及其他人员：

一般来说，在开阔的海洋上使用弹射起飞的飞机不大可能，但在南美大陆岬角附近使用这种飞机却十分方便，但这也产生了一个问题，即能否在无人地带或者岛屿背面划出一个飞机降落点，或找到一个静水海湾，以便从附近舰船弹射的飞机可以在那里降落。如果被人发现了，我们可以声明是为了避难而降落的。然后在方便的时候，再由巡洋舰搭载离开。也许这项工作已经在进行之中了吧。

1939 年 9 月 18 日

海军大臣致第一海务大臣及其他人员：

我虽然非常希望能加强此地（指斯卡帕湾）的空防，并认为这是当务之急，但鉴于其他方面的大量需求，我认为配备八十门三点七英寸口径的大炮，数目太大，超过了合理的范围。在整个战争期间，我认为让三个高射炮团（共计六千二百人）死守斯卡帕湾是不合理的。斯卡帕湾现在已经不是大舰队的根据地了，那里只有三四艘重要的舰艇。它们也可以使用其他港口。况且那里距德国（四百三十英里）相

当遥远。我们必须极其慎重，不要为了被动防御而过度分散了我们的实力。

因此，我同意把最紧急的工作放在新增的十六门三点七英寸口径的大炮上。但我认为它们应由海军部来负责装配，免得由陆军部军械局来装配而造成长期拖延，并支出庞大费用。

对于第二批的二十门大炮，应根据马耳他的需要和英国飞机制造厂的情况加以考虑。而剩下的四十四门三点七英寸口径的大炮更应这样考虑。至于它们最后应该怎么用，只能根据今后战争的需要来定。

从舰上重机关炮的火力来看，轻型高射炮的数量似乎过多。探照灯与防空气球是最需要的，还需要两个战斗机中队。我们是否需要一个更厉害的雷达站？大陆上是否应该再增加一个雷达站？

在这个问题上，火速把某些事情安排好，比制定 1940 年的大规模计划更为重要。

请根据对时间和资金的估计，提出削减计划，但第一批不得拖延。

此外，请就马耳他以及查塔姆的防空情况，给我写一份报告。

1939 年 9 月 20 日

海军大臣致第一海务大臣及其他人员：

我很高兴今天看到航空母舰"阿尔戈斯"号已经停在朴次茅斯船坞中。舰上的小艇已移交本土舰队总司令，但它们无疑是很容易加以替换的，此外还可以装上各种火炮。我们听说，现代的飞机需要一个较大的甲板来起飞和降落。如果是这样，我们是否需要制造一些与航空母舰相适应的飞机？因为制造飞机比制造一艘新的航空母舰要快多了。"勇敢"号上的幸存人员现在已经可供调用，我们就应让"阿尔戈斯"号尽快出海服役。烦请考虑为达到目的所应采取的步骤。我听说它在海上是一艘很坚固的军舰，如果不是这样，隔舱可加上支柱，或用其他方法加固。

1939 年 9 月 21 日

海军大臣致第一海务大臣及其他人员：

海军副参谋长和我对所谓的阿克蒂恩鱼雷防御网印象很深，它也正好是"弗农"号上的人们极感兴趣的东西。这种网是在上次大战的末期发明的。它就像一件女裙或衬裙，只有在船只开动时才会起作用。据"弗农"号上的人介绍，装上它，船的航速可达每小时十八海里。"拉孔尼亚"号准备装上这种网做一次试航。这种网是用细金属线织成的大孔网，应该可以在很短的时间内大批生产。我建议把它当作一件最迫切和最重要的工作来做。凡是商船、邮船，特别是没有驱逐舰保护而单独执行任务的战舰，都应装上这种网。海军当局已提出，能否于本周内组建一个委员会来跟进研究此事，将其提到紧急战争准备的最前列？如可行，应进行大范围使用。

1939 年 9 月 21 日

海军大臣致第一海务大臣及其他人员：

国内各港口的司令官和各较小军港的官员都应该深切认识到，在敌机空袭时，凡能用来向飞机射击的一切大炮，无论在港内船上的或在造船厂中的，都必须一起向敌机开炮。日常防御中要合理安排火力。必要时，可从补给舰的船员中抽调人员充当干船坞内高射炮炮手。同时应特别安排供应电力，即使在大修中的船只也不例外。一定有许多方法可以集中火力攻击进犯的敌机。今后的月明之夜，我们必须保持高度警戒。请考虑是否能够发出一些一般性的训谕。

1939 年 9 月 21 日

海军大臣致萨默维尔海军上将及军需署长：

请你尽快呈上在皇家舰艇上装备雷达的计划，说明到目前为止的进展，以及对今后装备进度的估计，并附上日期。此后，请每月交给我一份报告，说明进度。第一次月报可在 11 月 1 日提交。

1939 年 9 月 23 日

海军大臣致第一海务大臣及其他人员：

在目前艰苦的战斗条件下，我们有许多驱逐舰及小舰艇发生了互相碰撞的事故。我们必须注意，不要由于偶然遇到的意外事件，便挫伤了小舰队军官的锐气。战时的很多规定都有所松动，因此要鼓励士兵军官们大胆放心地操作。如果他们已经尽力，但仍有意外发生，也不要让他们认为是自己操作不当而过于自责。我深信你们早已抱着这种态度和看法，但我很希望海军部对这一点进一步强调。不应统一规定每一件损坏事故都要交给军事法庭审判。只要在事故中没有出现玩忽职守和犯下愚蠢之至的错误，海军部就可以自行处置。在对敌作战中发生的错误，即使有不愉快的结果，也应予以最宽大的处理。

1939 年 9 月 24 日

海军大臣致第一海务大臣、海军副参谋长及海军情报局长（一般指示）（最密件）：

1. 杜兰蒂先生对英国是非常友善的。1917 年至 1918 年我任军需大臣期间，他是我的下属军官，但他在南爱尔兰（即所谓的南爱尔兰自由邦）并无实权。他态度温良恭谦，代表了爱尔兰人最好的品质。南爱尔兰有四分之三的人民是同情我们的，但有少数心怀不轨之徒，仇恨难消，却能惹出很大的乱子，因此埃蒙·德·瓦勒拉①也不敢对他们稍有冒犯。所有关于南北爱尔兰分立，以及因南北爱尔兰联合而消除仇恨心理的议论，都不过是空谈一场。目前，南北爱尔兰是不会联合的，而我们在任何情况下，都不能出卖北爱尔兰忠于政府的人们，你们能否考虑这些见解，把它们作为海军部和南爱尔兰进行交涉的根据？

---

① 埃蒙·德·瓦勒拉（1882—1975），爱尔兰革命者。早年参加新芬党，曾领导争取爱尔兰独立的反英斗争，长期坚持反对英国殖民统治的斗争，曾多次被捕入狱或流亡。1918 年任新芬党政府主席，1926 年建立共和党。1932 年出任爱尔兰自由邦总理。1937 年爱尔兰共和国成立时，再次组阁，并制定新宪法，努力摆脱对英国的依附关系。第二次世界大战中持中立立场。

2. 现在似乎有不少证据，或者至少有可疑的迹象，表明在爱尔兰西部港口，有一股恶势力正在支援德国潜艇，他们正是德·瓦勒拉所不敢干涉的那一部分人。而我们又被剥夺了使用贝尔黑文等港口的权利。如果潜艇战日益加剧，我们应该强制南爱尔兰准许我们监视海岸，并让我们使用贝尔黑文等港口。然而，如果在我们反击并采取了保卫措施以后，潜艇战缓和下来，那么内阁也不希望面临因强制措施而可能引起的严重问题。所以看起来目前的恶劣局势，暂时仍将继续下去。但是海军部应该不断地通过各种途径，对这种情况提出不满意见，我本人也会经常向内阁提出我们受到损害的情况。他们现在对我们的态度这样可恨，我们绝不能表示默然接受，更不能对此无动于衷。

1939 年 9 月 24 日

海军大臣致第一海务大臣及海军副参谋长：

虽然我非常不愿意在任何地方影响本土舰队总司令的判断，但我认为你们最好指出，如果派遣重型舰艇深入北海，不但一定会引来敌机的轰炸，同时也不可能引诱德国军舰离港。虽然上一次战舰没有中弹，但是对我们的战术目标来说，很容易发生意外。我的几位内阁同僚曾向我表达过同样的意见。

我方舰队与敌方飞机的第一次交锋已经圆满结束了，而且我们还拿到了非常有用的资料，但在达到必要的防空标准、足以对付时速二百五十英里的飞机之前，我们不想让我方的重要舰艇冒不必要的风险。①

1939 年 9 月 29 日

---

① 这是指 9 月 26 日的事件，北海的本土舰队受到敌机袭击，没有受损。在这次交锋中，"皇家方舟"号受到了特别的关注。德国人宣称已经把它击沉，声称击沉它的驾驶员会授勋。此后几个星期中，德国的无线电天天重复这个问题，即"'皇家方舟'号在哪里？"

海军大臣致秘书：

的确，你所提出的所有这些互不关联的统计部门的情况，说明有必要成立一个中心机构，由它汇集海军部的全部统计资料，经过不断简化，最终以图表化的形式呈报给我。

我希望在每个周末都能知道我们在各方面的进展，例如我们雇用的总人数、舰船的进展、建造工程的情况、对我们有影响的军火生产情况、我们商船的吨位和损失情况，以及海军和商船队每个部门的数据。所有情况应汇集、整理在一本小册子里，就像 1917 年及 1918 年我任军需大臣期间、当时担任我的统计官员的沃尔特·莱顿爵士为我预备的小册子一样。每星期我都能看到这样一本小册子，显示过去和每周的进展情况，并标明拖延的情况。我在一两个小时以内就能掌握全局，因为我们能够确切地查找到相关信息和具体时间。

你认为怎样才能满足我这种需要呢？

1939 年 9 月 30 日

1939 年 10 月

海军大臣致秘书：

海军大臣的统计局应该有林德曼教授参加，他除了做科学研究外，还要兼任此职。他需要一个熟悉海军部情况的秘书、一个统计专家和一个最好能兼任会计的机要打字员。该局负责以下事务：

1. 每周向海军大臣提交一份实况报告，表明所有新建工程的进度和逾期的情况，即便没有追究延迟原因也可以，海军大臣根据报告将自行调查。

2. 呈报关于所有英国的或由英国控制的商船统计报告，分类列出损失情况，上报新造或新获得船只的数量——

（1）一周内的；

（2）自从战争开始以来的。

此外再加交货的估计数字。

3. 记录每周以及战事开始以来弹药、鱼雷、燃油等的消耗数量，附加每周或每月的产量及预计数字。

4. 对海军航空兵部队做一份全面、系统的统计调查，不单要包括飞机，还要包括飞行员、机关枪及各种装备的数字，指出所有有明显拖延的情况。

5. 每月呈报一份有关各类人员损失的实况报告。

6. 保存海军大臣提供的调查报告和所有有关数字及实力的专门文件。

7. 根据海军大臣的要求，为海军大臣在内阁发表的统计性报告，或其他各部门的统计性文件，提供专门的调查分析。

在和林德曼教授商议决定本部门的人选以后（以上职务是否还须补充，也应请林德曼教授提出意见），立即将一份备忘录分送至各个部门，请他们在规定时间内把必要的统计数字送交至统计局（简称 S），并给予一切必要的协助。

1939 年 10 月 9 日

飞机供应

这份报告非常有意思，也很令人鼓舞，但对于内阁想要了解的问题，也就是新飞机的每月产量和皇家空军一线战斗机中队所需飞机数量之间的差距问题，却没有提及。我们曾在 1937 年听说，等到 1938 年 4 月 1 日我们就会拥有一千七百五十架现代化的一线飞机（见托马斯·英斯基普爵士演说词）。对于这个计划已在 1939 年 4 月 1 日完成这个事实，下议院感到十分满意。我们一直以来得到的保证是，在英国特有制度的保障下，我方的后备规模远超德国。虽然我们现在只有一千五百架一线飞机，但我们的后备准备得十分充分，能随时投入战斗。但在调动之后，由 1939 年 4 月 1 日的一百二十五个中队缩减到九十六个中队。现在必须要弄清楚的是，在接下来的 11 月到明年 2 月的这四个月内，有多少个新中队将组建而成。战斗机的单月产量自今年 5 月以来平均维持在七百架以上，最近的数字甚至还要高些。因此，在这种情况下，我实在难以理解为何一线战斗部队只新增了几个中队，为什么实际的实力还未达到曾经所说的今年4月理应达到的数字。建议我们的第一线部队每月增加十个或十五个中队，因为飞机产量有这么高，飞行员人数有这么多，但却没有人能解释为何难以做到这些。如果按照十个中队来计算，每队有十六架飞机，再加上同等数量的后备飞机，那么每月也只需三百二十架飞机，远不到工厂现有产量的一半。内阁需要得到一个解释，得到一个关于究竟是什么因素限制了我们的说明。是因为缺少飞行员、技工、高级地勤人员，还是因为缺少机关枪或任何其他的工具？工厂方面的产量已经很大，不能立即组成中队的原因到底是什么，为什么第一线战斗机部队的实力不能提高？对此，我们不应该继续忽略其中的原因。或许没有补救这种问题的方法，但无论如何，我们应该立即检查。现在落后的并不是生产方面，而是如何根据已经核定的规模，组成具有充分后备力量的战斗单位。

1939 年 10 月 16 日

海军大臣致科学研究局长、军需署长及秘书：

1. 我非常感谢科学研究局长（关于海军研究局的）那份有趣的备忘录，当中提到了研究工作的第一阶段应该是由各军种提出他们的需要。对于这一原则，我完全同意。一旦把这种需要用简单的事实说清楚以后，科学专家们几乎总可以找到解决方法。我们应该经常鼓励各个军种，把他们在任何一项具体的工作中遇到的困难或障碍加以说明。例如，一个士兵在越过无人地带时，因为中弹而无法前进。鼓励他或他的后继者应该勇敢是没必要的，因为他们已具备这个条件。但是如果在士兵与枪弹之间有一层钢板或其他掩护的物体，那他就不会因受伤而不能前进。于是问题就变成如何在士兵的前面安放一个掩蔽物。由此又引出一个问题：对于士兵来说，掩蔽物太笨重而不便携带，因此那个掩蔽物必须能够移动。用什么方法呢？最后发明了坦克。这自然是一个简单的例子。

2. 在你们研究局的各部门中，工作主要集中于应用及发展方面，对物理的研究似乎很少。因此，我很高兴听说克拉伦登实验室将专做

物理研究之用，我将在今天处理关于这个问题的报告。

1939 年 10 月 16 日

海军大臣致军需署长及其他人员：

拖网渔船的征用

我已经向农业大臣、欧内斯特·贝文先生和他的代表团发出了邀请，请他们把问题仔细探讨后，在明天四时十五分一同前来海军部。请向所有有关人员下达通知，并给农业部发出正式邀请函，邀请他们出席。届时将由我亲自主持会议。

同时在今天晚上，海军助理参谋长、贸易局长、军需署长或副署长和财务秘书要开会，将根据海军的需求，以"尽力捕鱼"为目标，拟订一个计划。各个港口应该分担因我们征用拖网渔船而造成的直接损失，以免让那些曾造出最好的拖网渔船的造船厂，反而要承受最大的损失。除此之外，还应向各造船厂提供设备，以便尽快造出一种合适的拖网渔船。如果这种拖网渔船能够大规模生产，那么就能把拖网渔船在暂时征用后予以归还，同时还可以由各地进行商议决定，这些新造的拖网渔船是分配给各个港口，还是拨给当时征用的港口。保持渔业正常运作是件至关重要的事，我们要像抵御敌人的潜艇一样，努力确保食物供给。

1939 年 10 月 18 日

海军大臣致第一海务大臣及海军副参谋长（最密件）：

土耳其的局势越来越紧张，如果土耳其想让我们派遣舰队进入黑海，那么舰队的实力必须非常强大，足以顶住苏联对博斯普鲁斯海峡或土耳其北部海岸其他地区的军事压力。如果内阁同意了这个计划，那就是他们认为此举可以阻止苏联参战，或者就算是苏联参战了，也可以阻止它进攻土耳其。那我们能抽调出这样的舰队吗？

在黑海的苏联海军实力究竟如何，需要多大的实力才能压制住它们？如果把英国的潜艇派过来，再加上几艘驱逐舰和两艘担任保护的巡洋舰，并以土耳其的港口为基地，是否就可以发挥极大的保护作用呢？不管如何，海军参谋部应从军事角度去研究这种可能性，并且研究出抽调和维持这样一支舰队的办法。

如果苏联向我们宣战，显然易见，我们必须守住黑海。

1939 年 10 月 19 日

海军大臣致第一海务大臣及军需署长：

在进一步研究你们关于北方水雷封锁线的报告之前，我先要知道所需炸药数量，以及如何在不妨碍陆军主要军火供应的前提下取得这些炸药。军需署长今天也许可以和伯金先生或他的化学组长讨论这一点。我不知道在这方面有些什么限制我们的因素。我听到有人估计甲苯数量可能会不足。我认为水雷封锁线所需的炸药，将大大超过海军部无烟火药或炸药厂的生产能力。我提议由军需署长通过非正式手段从海军部及供应部搜集所有资料，等我们回来时再做讨论。

1939 年 10 月 23 日

海军大臣致第一海务大臣：

考虑到舰队目前所处的位置和黑夜延长的情况，我很希望你能在今天早晨和其他参谋长约定时间，讨论有关预防突袭的问题。在第一次世界大战中，我经常纠结于这些想法，但是如今事态与以前已不尽相同。我对军事部署不甚了解，但在我看来，似乎应该有一定数量的机动纵队或有组织的兵力，如遇敌人突袭，就可以迅速出动给予反击。自然，空军部门也许可以对此全权负责。

1939 年 10 月 23 日

海军大臣致第一海务大臣及海军副参谋长：

我预备将自己写的这份文件送至内阁进行传阅，请你们对此加以认真考虑。

苏联要求在波罗的海获得基地，出于对自身利益的考虑，我们当然无须反对。因为苏联获得这些基地仅是用于对付德国，而在取得基地的过程中，苏联和德国的利益冲突就会凸显出来。我们应该向芬兰人指出，保全他们的国家不受德国的侵犯和征服是极为重要的，但苏联要在芬兰湾或波的尼亚湾取得基地，并不会对芬兰构成威胁。除了德国以外，苏联在波罗的海的海军实力，对我们来说不足为惧。只有德国才是那里的危险因素和敌人。事实上，避免德军利用波罗的海，这是英国与苏联的共同利益所在。苏联需要一些基地来防止德国侵略波罗的海沿海省份或彼得格勒，这是很自然的。如果上述推理没错，那么我们就应该让苏联人知道我们的立场，同时设法说服芬兰人让步配合，并说服苏联以取得战略要地为目的。

1939 年 10 月 27 日

海军大臣致海军副参谋长及秘书：

请你们想办法，在地下室方便的地方安装一个武器架，让海军部大厦的军官和所有身体健壮的人员都能配备一些武器：一支步枪、一把刺刀及若干子弹。准备五十份就够了。请在两天内安排好这件事。

1939 年 10 月 29 日

海军大臣致史末资将军（私人密件）：

浅水重炮舰"埃里伯斯"号已经做好了准备，打算驶往开普敦。你知道我们从来没有想过用十五英寸口径的大炮来防卫开普敦，但因为皮罗非常害怕日军进犯，为了让他满意，在那里的防御力量实现现代化之前，我们同意暂时借出"埃里伯斯"号。我们清楚开普敦的防御不强，但德国现在还没有主力舰，只有两艘战列巡洋舰"沙恩霍斯特"号和"格奈森诺"号，所以他们大概不敢驶到南非海面。但如果它们真去了，虽然那个地方防御薄弱，但那些修船厂绝不心慈手软，定会用炮猛轰。就算它们突围而出，甚至掀起一场大规模的海战，我们也将出动最强大的舰艇围剿，不管它们逃到哪里，我们不把它们抓到决不停止搜捕。因此在我看来，这艘船大概不是你所需要的。反过来说，如果敌军入侵比利时沿岸，尤其是进攻荷兰，"埃里伯斯"号就能发挥大作用。实际上在 1914 年这艘船建造之时，费希尔和我就是为了这样的目的。所以现在的问题在于政治影响。我们宁可把这艘船弃之不用，也不想让你为难。但如果这艘军舰能够以转租或转让的方式再为我们所用，海军部将非常感谢，自然对于南非联邦方面，我们将予以赔偿。

祝一切顺利。

1939 年 10 月 29 日

1939 年 11 月

海军大臣致秘书：

法国人已在乡间设立了一套十分完备的机构，可以办理他们全部的海军事务，而且现已迁到那里。我们的政策是继续留在伦敦，直到不能再留下去为止。但正因为如此，我们更应尽一切努力，提高临时代理机构的工作效率。

请告诉我它目前的情况如何，以及我们能否一经通知便立刻转移而不中断指挥。电话等是否已经装好？有没有地下电线及其他设备？除伦敦的交换台外，它们是否同其他电话交换台相连，还是单靠伦敦总台？如果是这样，那是非常危险的。

1939 年 11 月 4 日

海军大臣致第一海务大臣及其他人员：

战争开始的十周内，我们的作战导致了进出口贸易的大幅衰退，对此我深感担忧。如果我们不能加以控制，并把贸易萎缩控制在正常水平的百分之二十，将会发生严重的短缺现象并导致所有行政部门怨声载道。如果我们只能以拖延来应对商船的沉没，那么我们就没有尽到应尽的义务。我承认我在过去没有认识到这一问题，但在这次战争中，我们还须时刻学习。我们必须暗中放松护航制度（但在公共场合又必须大肆宣扬），尤其是对远洋航线。对于现在所实施的限制以及因此而延长的航程，我们必须进行细致的研究，同时必须承受较大的风险。鉴于我们的许多船只都已武装起来，现在此事有实行的可能。它们可以结成小队出发；即使是对横越大西洋的船只，我们在一定程度上恐怕也必须采用这样的原则。除上述办法外，如果我们还能派出一支强大的驱逐舰队，专门巡逻西部海岸入口处，当然就不必再部署指挥护航舰艇的集合点，这样行动就能更加自由了。这样说并不是推翻或摒弃以前的政策，那种政策在开始时是必要的。我们把以前的政策加以改进和发展，是为了实现政策的目的。

1939 年 11 月 9 日

海军大臣致海军副参谋长：

在我看来，必须加强圣赫勒拿岛及阿森松岛的防务，以防像"德意志"号这类敌舰输送登陆部队，占领岛屿。如果它们只有两门六英寸口径的大炮，港口内只有一艘补给舰的话，那我们就太愚蠢了。我认为该地的防御尚显薄弱。

1939 年 11 月 9 日

海军大臣致第一海务大臣：

请详细汇报第一批加拿大护航队的情况，战舰数量、战舰类型、船上配备人员的数量以及护航队的航速，是否有反潜艇及防空袭的舰船护航？集合地点以及离港日期，应该口头通知。

1939 年 11 月 15 日

海军大臣致秘书及海军助理参谋长：

关于海军部地下室通气孔的安全性，你们能不能保证？如果炸弹炸毁了现有的通气孔，那有没有其他代用的通气孔？如果院子起火了，要怎么办？

目前大量的废弃物、木材以及其他易燃材料不仅堆在院子里，还堆在地下室里。凡是不需要的易燃品，以后请全部移开。

1939 年 11 月 16 日

海军大臣致第一海务大臣：

在反潜艇战争中，最重要的莫过于成立一支独立的小舰队，像在入海口处的骑兵师一样执行任务，不管舰船来往和潜艇袭击，对海域进行大范围的系统搜索。这样，潜艇就无法在这些区域内藏身匿迹，而且这种策略还能带来许多其他好处。

1939 年 11 月 20 日

海军大臣致第一海务大臣及其他人员：

1. 一旦突发紧急事件，例如这次惊现的磁性水雷，凡对这种事件有所了解或权威的人，都应该集合起来，并从各方面采取行动。但你是否认为现在我们应该成立一个专门负责此事的机构，由我们所能找到的最适当的人选主持，直接在参谋部及海军本部的领导下进行这类工作？这样的机构需要分成几个组。例如一个组专门搜集和鉴别所有敌人在西海岸使用磁性水雷的相关材料，以及和幸存者进行谈话等等，以便搜集并集中一切资料。

2. 第二组将专门处理试验工作，"弗农"号的试验工作就是其中之一。我听说李斯特海军上将正在此地进行某种工作；他自己有一个计划，正在进行之中，但最好大家能达成共识。

3. 第三组专门负责生产方面的工作，设法使各项计划所需的材料如期交货。而第四组显然是负责作战行动，但它实际早已成立。

我并不是说这个机构应该是永久性的或所有参加人员都应该全天在这里工作，它只是他们日常工作中的一项特殊任务，而一切都听从最高层的指导和协调。

请你对此加以考虑，并提出一个使各方面都能配合的书面计划。

1939 年 11 月 22 日

海军大臣致第一海务大臣及其他人员：

1. 我同意对威克·沃克海军上将的任命，有关磁性水雷的工作都由他负责协调。但是他应该给出明确的任务和具体的指示：（1）将全

部能够取得的资料都搜集起来。（2）协调和推进所有的试验工作，并把所有工作的轻重缓急确定下来。（3）对必要的生产任务提出建议。（4）向海军参谋部提出作战行动意见。但关于作战行动方面的问题，必须时刻在海军参谋部和诺尔总司令的领导下独立进行。当然海军部要领导上述各项工作。

2. 请给我准备一张各部门的职务分配表，并在表内明确海军部各技术部门的人员，如有需要，随时能供威克·沃克海军上将调遣。请就此计划向威克·沃克海军上将咨询意见。

3. 以下所述至关重要：从一开始，德拉克斯上将应全程参与此事并与诺尔总司令保持联系，使他自 12 月 1 日起对此事有充分的了解并采取行动。

1939 年 11 月 23 日

海军大臣致第一海务大臣及其他人员：

1. 我们必须清楚地了解瑞典铁矿石的事。对于切断这种供应的重要性，一直有人表示怀疑。经济作战部大臣告诉我说，情况恰好相反，如果能使德国的铁矿石输入中断三个月甚至六个月，那么，不仅对于德国的作战能力，甚至对于德国的整个国家生活，都将产生严重而巨大的影响。

2. 海军参谋部曾向我口头提议，等到吕勒奥港冻结后，我们应该打破挪威的中立立场，派兵登陆，或在纳尔维克港附近海域派驻一艘军舰。我对这两种办法都表示反对。

3. 有人提议，在挪威沿岸某些偏僻的地方设置布雷区以封锁挪威领海，如果可能，离南部越远越好。烦请对此加以审核并提出意见。如果挪威人愿意亲自布雷，那就再好不过了。否则我们还得制订布雷计划。曾经有人怀疑，我们能否对这个布雷区保持必要的警戒，能否拦截行驶在布雷区以外的矿石运输船。这种怀疑显然是毫无根据的。我们曾在这个区域布过雷，而且大家知道我们正在执行警戒和封锁，单是这个事实，就足以威慑那些矿石运输船了。而且这项任务，对我

们本土舰队总司令来说，也不算十分繁重。不过，我还是要听听你们的意见。

4. 除矿石以外，我们必须注意还有许多对德国非常有价值的商品，正通过挪威水道南下。据情报局长给我的一份报告说，在11月，已有五艘装满铁矿石的船由纳尔维克抵达德国，同时还有一些空船正在北上装运矿石。经济作战大臣对此有什么看法？我们必须知道实情，并在各部门之间达成一致。

5. 与此同时苏联人已通知我们，他们那艘名义上是开往喀琅施塔得的大型北极破冰船，马上要驶入挪威领海了。但是我们同时也听说，苏联人正计划把这艘破冰船租给德国，用于打开通往吕勒奥港的航线。德国一旦将航线打通，而我们不采取其他应对措施，那么运往德国的矿石，就将继续保持现在每月一百万吨的数量，这样一来，我们的策略就全部落空了。我们要怎样处理此事呢？我会口头建议你如何行动，但整个事态还必须向外交部咨询意见。

1939 年 11 月 27 日

海军大臣致第一海务大臣及其他人员：

我在空军部看到每一个房间都备有蜡烛和火柴，以备急需。

请海军部也立即做类似安排。

1939 年 11 月 27 日

海军大臣致海军副参谋长及第一海务大臣：

请你考虑一下，我们是否可以给大洋洲的护航舰队再增加第三艘船。也许澳大利亚方面会再提供一艘巡洋舰，但如果他们不能提供，我们能否找出另外一艘配备六英寸口径大炮、有飞机弹射器的舰艇？有了这艘舰，"拉米伊"号在敌方发动进攻时，就能较为自由地与敌人作战，还可以在运输舰队前方或侧翼进行巡逻，这样就可以做出预警。运送一些澳洲部队，是英帝国史上具有历史意义的一件事，如果发生意外，就会成为一场灾难。也许我们派遣一艘在印度洋的潜艇，

也可以助一臂之力。

1939 年 11 月 30 日

1939 年 12 月

海军大臣致军需署长及其他人员（密件）：

建设局长曾经谈到过，可以建造一艘新主力舰，装备四座十五英寸口径大炮的炮塔，我对此非常有兴趣。这种战舰应该是战列巡洋舰，装甲较厚，能抵挡空袭。请递交一份资金和时间预算表。这艘船可于"英王乔治五世"级第一批完工后，"无畏"号及"雄狮"号兴建前动工。

1939 年 12 月 3 日

海军大臣致秘书、副参谋长及第一海务大臣：

1. 为防敌人趁我们不备发起奇袭使我们陷于危险之中，在圣诞节或新年期间不得暂停办公或放假。海军部和所有军港必须实行最高一级警戒。另一方面，自现在起至 2 月 15 日，所有参与了参谋工作的官员都可以有一星期的休假。我很高兴地听说海军部内正在计划此事，并且我认为各军港也应尽快做出类似的安排。

2. 我们应该想方设法来减轻驱逐舰上的水兵们的压力。我听说在德文波特，为巡逻回来的舰队全体人员安排了不错的慰劳活动，他们在港内休息两三天回到舰上后，精神恢复得非常好。在罗赛斯和斯卡帕湾，也做了类似安排，但我听说在斯卡帕湾的休假活动远不如其他军港，在那里做短期休整的人员都大失所望。当然，有时候这种情况是在所难免的，但我相信有关方面会再次全面地研究这个问题，在作战允许的范围内，尽最大可能去慰劳这些海员。

1939 年 12 月 12 日

海军大臣致海军副参谋长、威克·沃克海军上将及科学研究局长（请立即行动）：

我想你们早已料到，敌人可能会使用音响引爆水雷或超声波水雷来代替磁性水雷。请你们方便时给我一份报告。

1939 年 12 月 24 日

海军大臣致秘书、海军副参谋长及第一海务大臣：

我们应向外交部做出说明，关于意大利领海以六英里为限的规定，是战争开始时海军为表示主动让步而制定的法令。我们始终没有通知意大利，也没有公之于众。因此它不能成为任何谈判或协定的一部分，而只能是英国海军当局在特定情况下为便于工作所遵循的方针。现在它已经对我们不利，而且可能极大妨碍我们的封锁政策。在这种情况下，海军部决定以后只需遵守意大利海域三英里为界限，请将其作为一项部门事务通知地中海舰队总司令。同时本部将重申原来的训令：对意大利船只采取特殊宽松的政策，并避免引起摩擦或不满。

请草拟一份报告交给我。

1939 年 12 月 28 日

1940 年 1 月

海军大臣致秘书：

能否设法利用运河系统，来缓解南北方之间煤炭运输的压力呢？请你准备一份报告，等我回来时交给我。

1940 年 1 月 4 日

海军大臣致第一海务大臣、军需署长、鱼雷及水雷制造局长、沃克海军上将及林德曼教授：

"皇家海军"作战计划

1. 我们已经就这个问题与法国军事当局进行了充分的讨论，并做了各种安排。菲茨杰拉德上校与杰弗里斯少校已经见过了必要人员，

现在应该把他们的工作报告交给我。法国军事人员指出，萨尔河和摩泽尔河的上游以及莱茵河都在他们的控制之下，可供采用的方法很多。大家都认为，一定要等到必需品能够大量供应以后，我们才能开始行动。不仅第一次行动必须在所有地点都要以最大规模进行，而且此后每天和每周都要有大量的物资供应，并一直保持紧张状态。

2. 当然双方都明白，虽然现在要为所有行动做好准备，但最后的决定还要取决于两国政府。

3. 不管怎样，我准备把行动日期由 2 月的月圆之时推迟至 3 月的月圆之时。同时，我们应尽全力完善计划，最大限度地积累储备。

4. 星期一晚上九点半，将在我的办公室召开一场有关人员的会议。届时，每个人都应汇报自己的工作进展情况，各项事宜也应协调一致。我准备邀请空军大臣列席听取报告。有些报告可以个别提出，但有关人员应在休会期间一起商议。最重要的是，任何造成不合理拖延的障碍或原因，都应在会上提出来，以便尽快准备好作战计划。我们也许会被迫在三月的月圆前采取行动。

1940 年 1 月 12 日

海军大臣致第一海务大臣、军需署长、海军副参谋长、秘书及海军助理参谋长：

海军大臣谨向所有参加处理磁性水雷的有关人员致敬，对他们迄今所获得的成功表示祝贺。

1940 年 1 月 12 日

海军大臣致厄斯本海军上将：

火箭推进武器

我收到了你在 1940 年 1 月 12 日写的报告。除了炸弹以外，一切似乎都进展顺利，而在这项武器制造中，只有炸弹这部分不在我们的掌握之中。我注意到文纳公司所制炸弹的某个部件已经落后。但你是否确信空军部在研究炸弹方面已尽了他们的力量？

请你专门就这个问题给我写一份报告，并且让我知道，我是否需要写信给空军大臣，请他们把这部分工作也像其他部分那样，移交给我们。这种不旋转投射弹的试验非常重要。其进展可以加强整个英国战舰及商船的安全。我期待你协调好各项工作，一齐向前推进，以便我们可以尽早地投入大规模生产。

我非常遗憾今天的发射试验未能完成，然而我从林德曼教授处得知，这个试验在理论上还是令人满意的。

请督促这项工作以最快的速度进行。

空军部和陆军部曾经委托我，把这个问题中与他们有关的部分让我来负责，而现在是时候向他们递交一份进展报告了。所以请你准备好一份简要的报告，介绍截至目前的最新情况和对今后的展望。

1940 年 1 月 13 日

海军大臣致军需署长：

我很高兴收到你关于混凝土船只的报告。我并不认为过去对于这种设计已经有了充分的研究。自第一次世界大战以来，钢筋混凝土方面已经有了极大的进步。我们可以采用完全不同的技术和材料，来缓和我们原有造船计划的紧张状态。在这种情况下，我认为应该设法立刻动手建造一艘可以出海的混凝土船。

1940 年 1 月 13 日

海军大臣致海军秘书：

也许你可以与克里普斯先生（斯塔福德·克里普斯爵士的兄弟）见上一面，他在上次大战中表现得很好，是一个勇敢又有能力的人。在我们某些扫雷艇上，一定有许多岗位空缺。

1940 年 1 月 14 日

海军大臣致第一海务大臣：

斯卡帕湾的防空

我曾建议要召开一次会议，大家坐在会议桌上一起讨论问题，比由我准备一个报告，把问题提出来由内阁讨论一定会更好一些吧？现在在各方面都有浪费人力物力的现象，人人都认为局部安全即是为国尽力。我们陆军的实力，就前线而言是薄弱的；我们的空军，则令人失望地比德国还弱，而我们又没有获准去设法切断他们的铁矿石供应。我们的态度完全消极，而实力却越来越分散，海军方面要求斯卡帕湾和罗赛斯都要保持最高警戒。你是否感到我们或许正在走向失败？我觉得我必须尽到自己的责任（即使在小事中亦应如此），设法有效地集中全力对付敌人，并且防止我们的实力出现不必要的分散。

1940 年 1 月 16 日

海军大臣致第一海务大臣：

海军航空兵部队——战争开始后最初十二个月的费用估计

1. 我对于海军航空兵部队对英国作战资源需求之多，早就越来越觉得不安。但是这个预估是我没有料想到的，我不曾想到所需费用竟如此庞大。我一向是竭力提倡设立海军航空兵部队的，英斯基普爵士最后在 1938 年所提交的折中决议，实际上是由我起草的。因此我觉得我更有责任让海军航空兵部队在这场战争中，在杀死和打败德国人方面做出真正的贡献。

2. 几年前当我们在对海军航空兵部队进行讨论时，航空母舰搭载的飞机的速度本来就不能和岸上起飞的飞机的速度相提并论，而随着岸上起飞的飞机的发展，航母舰载机已经无法与之竞争。这样一来，海军航空兵部队最重要的任务，就限于在大海上侦察搜索、在与海面舰艇作战中识别敌舰以及进行鱼雷袭击。不过敌方现有的海面战舰数量极少，所以我们可能的目标，仅限于可能突围而出的德国袭击舰或快速战斗舰。我们当然要为这些做好准备。但是，为此付出如此庞大的开支却是不值得的。

3. 除此之外，我们的空军远不如德国，所以在目前情况下，我们必须严加警惕。因此，关于皇家空军在海峡及北海沿岸巡逻的日常任务，我非常希望转由海军航空兵部队负责，到那时，只有等到那个时候，他们所要担负的责任才能匹配为他们所花的费用和他们的能力。

4. 以前，当空军部蓬勃发展时，他们生怕别人侵犯他们的势力范围，但现在他们已经取得了重要的地位，在很多方面与皇家海军相当，态度却要谦让多了。此外，他们迫切希望增加自己可调度的力量。最近，他们曾允诺拨给我们两支以海岸为基地的飞行中队，以保卫奥克尼群岛等，因此我相信，如果处理得当，再加上目前的良好气氛，这个原则很有可能会推广到整个东部海岸。据我所知，我们拥有能担任这类职务的优秀驾驶员和飞行侦察员，所以这样做无疑对海军空军都有好处。

5. 因此，我提出一个原则，请你考虑，即应由第一海务大臣草拟一项计划，从海军航空兵部队内精简出一百至一百五十名驾驶员，连同技工及管理人员，组成以陆地为基地的六个、七个或八个航空中队，而航空母舰，尤其是没有装甲的航空母舰上的编制员额，应该根据需要尽量裁减。

至于外海侦察工作，只需稍加补充就能满足需要。等装备好的航空母舰完成后，它们的编制也应根据当时北海的形势加以考虑。我们应该在海军航空兵部队的训练学校及其他机构内，为充实这些新的战斗部队大量招收新兵。

6. 如果这个计划的细节已拟定，我就和空军部进行商洽，提议在不增加人民负担的情况下，免除他们在本国沿岸的全部工作。对舰载飞机，我们今后可以少要一些，但对战斗机或中型轰炸机，我们就相应多要一些，最初也许不必是最新式的，但要能进行短距离战斗。作为战时的非常措施，我们应担负起整个责任，把本部未来的职务范围留到战争结束以后再重新加以规定。

请告诉我你对于这个问题的意见。

1940 年 1 月 19 日

海军大臣致副参谋长、海军情报局长及秘书：

三十年前，我曾看过外交部印制的密件书籍，所用纸张十分易燃，几乎可以立刻燃烧、销毁。自那时起，这方面的技术就有所进步。现在恐怕已经有了用硝盐纤维纸印制的书，一经点燃，差不多就可立即烧毁。另外，现在还可以用拍照的方法，把现在的书印在这种材质的纸上，非常方便。如果将上述两种方法分别或结合使用，就可以把这些书压缩成很小的体积，借用一种小型阅读器来阅读。请成立一个委员会来研究这个问题，人数可以不多。请向我提出人选名单。林德曼教授可以作我的代表。

1940 年 1 月 31 日

海军大臣致第一海务大臣、海军副参谋长：

关于澳大利亚军队经过悉尼等处打算启程参战一事，许多报纸都登载了相关照片。因此想必敌人也已知晓，运兵船即将驶进红海入口和索科特拉岛一带。虽然现在还没有收到在印度洋上发现德国潜艇的情报，但是否有一艘德国潜艇从马达加斯加（那里曾经有过谣传）驶向红海，在意大利或阿拉伯的某个港口加油呢？我们根本无法断定这一点。如果能够反潜艇的护航舰船出现在索科特拉岛附近，那我将更为放心。我们可以这样做：从海法出发，派驱逐舰"复仇"号到某一个指定地点（例如索科特拉岛以东两百英里处），在那里和"威斯特科特"号会合，它从新加坡开始就一直在跟随运输船队。这两艘潜艇装有潜艇探测器，有了它们就可以提供安全保证，而两艘潜艇中只需有一艘进行大范围搜索。

请就这个问题给我一个答复。

1940 年 1 月 31 日

1940 年 2 月

海军大臣致第一海务大臣：

战时第三应急舰队的特点

一艘一千六百五十吨的驱逐舰，其大小差不多等同于一艘小巡洋舰。就像"格伦维尔"号及"埃克斯默思"号一样,这种没有装甲的舰艇可以装载近两百人,已经成了德国潜艇的猎物和目标。在这种舰队中,驱逐舰的吨位与分舰队主力舰仅相差十吨。由于驱逐舰的体积不断增大,造价不断提高,这种狩猎性的舰艇,现在却逐渐变成了被狩猎的目标。在一艘既没有装甲又极易受到攻击的舰艇上,安排那么多人实在是一种欠妥的做法。制造这种船只所需的时间很长,参加此次战争恐怕来不及。那些数量较多,又能更快交货的小船才是我们所需要的。对于那种大型驱逐舰,其优点是装备较为简单,续航力持久,但我们必须把其数量保持在最低。

1940 年 2 月 9 日

海军大臣致第一海务大臣、海军副参谋长、海军情报局长、军需署长及秘书:

日本的实力

1. 有一件事非常重要,那就是如何切实地看待日本现有及潜在的造舰能力。在我向内阁提出这个问题之前,我必须要有可靠的证据来证明,证明日本的确有能力打造一支海军,一支比英国和美国已建成和在建的海军实力更为强大的队伍。日本的财政已经趋于恶化,着实可惜。它在中国进行了一场已经持续了两年半的毁灭性战争,而且它还需要在这个战场上保持一百万至一百五十万的军队。但直到现在也没有取得重大进展。相反,大家都认为中国的力量越来越强。日本的侵略在国际上引起了强烈的反响,国内形势也越来越紧张。

2. 在思考日本打造新舰的声明时,我们必须要考虑到这些事实。为了建造军舰,他们必须从海外购买大部分原料,这笔材料费再加上对华战争的消耗,他们的外汇一定会深受影响。第一海务大臣列了一个造舰计划表,计算需要花费的日元、英镑或美元。我认为他们不仅是财政迅速恶化,还要准备支出历史上数额最大的海军费用。

3. 他们的钢铁产量有多少?钢铁消费量是多少?如果我没记错,日本每年的钢铁消费量在三百万吨左右,而英国则是一千五百万吨,

美国是五千四百万吨。不过据说英美的实力会因为日本正在进行的造舰计划而受到严重影响。毫无疑问，日本会因为英美大规模的造船计划而不得不做出更大的努力。他们是否能以较快的速度建造舰船，则是另外一个问题。我觉得关于他们计划建造多少船只的谣言，不能作为充足的证据。我们是否与莫顿小组或委员会探讨过？他们是负责研究敌国或潜在敌国军事实力的人员。

总而言之，对于日本是否要建造一支舰队，而此舰队将与英国或美国现有的以及正在建造中的舰队实力相当一事，我表示非常怀疑。

1940 年 2 月 11 日

海军大臣致第一海务大臣：

鉴于昨日内阁的决定，我们应做好一切准备，尽快执行其中所提及的作战计划。

请提出你的建议。

我认为这件事非常迫切，因为必须把它与"阿尔特马克"号事件联系起来看。这个作战计划因为规模较小而且简单，可称作"威尔弗雷德作战计划"。

1940 年 2 月 20 日

海军大臣致第一海务大臣等：

关于"埃克塞特"号目前的情况以及修理所需的时间，请你及早给我一份报告。我们应尽全力不让该舰的全体兵员拆散。如果要花三四个月的时间修理"埃克塞特"号，那么在此期间，还有哪些巡洋舰能够顺路把"埃克塞特"号的全体人员连同他们现在的舰长一道载回？在陆军中，人们认为拆散这样一个作战单位非常愚蠢；而我认为，在海军中，也要考虑这种道义问题。

1940 年 2 月 24 日

海军大臣致军需署长及其他人员：

小型战舰的重新分类

计划局长说："由'驱逐舰'这个词进行联想，现在是指以鱼雷为主要武器的一种特殊舰艇。"这种说法忽略了驱逐舰的整个历史。驱逐舰的主要任务，是以占优势的炮火击毁鱼雷艇。所谓驱逐击毁，并不专指用鱼雷来驱逐击毁，用深水炸弹或炮火同样可以表示这种意义。

第一海务大臣的意见是，不需要在舰名后面再使用"舰艇"一词，他认为所有舰艇的名称都应该只用一个词，我也同意他的意见。

我认为像过去的"快速护航艇"也应包含在驱逐舰这个词之内，这种舰艇实际上就是一种中型的驱逐舰。我不喜欢"捕鲸船"这个词，这完全是一个误解，因为他们实际上并不会猎捕鲸鱼，我想听听你在这方面有没有什么建议。现在的护航艇、巡逻艇和捕鲸船这些舰艇之间究竟有什么差别？对这个问题迅速得出简单的结论是现在最重要的事情，而且各司令部和各部门要自 3 月 1 日起开始使用。请对已造的和在造的船只进行分门别类，并给我一份名单。

1940 年 2 月 25 日

1940 年 3 月

海军大臣致第一海务大臣及秘书：

我们应该准备一个计划，假设战争会在 3 月发生，那该如何在地中海集中战列舰（以及其他舰艇）呢？我的意思并不是说战争一定会发生，但事先全面综合考虑各种问题是有好处的。

1940 年 3 月 1 日

海军大臣致第一海务大臣、军需署长及其他人员：

9 月 26 日我们的舰队遇到空袭后，我们都认为十分有必要训练我们的高射炮手，让他们能射中移动速度更快的目标。林德曼教授曾提出过新的设想，也曾进行过试验，"弗农"号也曾提出过照明弹等设想。关于这一切有下文吗？当然天气一直十分不利，但是恐怕根本没有在我们的领海上进行过高速率目标射击演习吧。现在五个月已经过去了，对于快速行进的目标，如果直到现在我们还没有形成一套有效的应对措施，又不能弄到必要的设备让舰队发挥其威力，那么，问题是非常严重的。

现在既然天气已经好转，舰队也已回到斯卡帕湾，那我们一定要解决这个问题。改进皇家海军舰艇的大炮，对它们的安全有极大的意义。

1940 年 3 月 5 日

海军大臣致第一海务大臣及军需署长：

1. 修理船只比新建船只还是要好些。我们应该付出极大的努力，把这艘八千吨的"当玛拉"号变成一艘适用的运货船。现在就可以立即将它接管，用最普通的方法进行修理，让它承担最艰苦的工作。

2. 我们的抢救工作做得够吗？请把目前关于我们在沿海搁浅船只的情况告诉我，并且把关于恢复它们的航海能力所要采取的措施也写一份报告。在保证安全和不影响航行安全的前提下，这种船只所花费的人力物力应要减少到最低。要大力推进抢救和修理部门的工作。每一天所完成的吨位，都应当超过建造新商船的速度。

1940 年 3 月 5 日

海军大臣致第一海务大臣：

你若能与法国商议如何重组盟国舰队，来应付意大利敌对或威胁的态度，这种做法是比较稳妥的。等我回来时，你再把情况告诉我吧。

1940 年 3 月 6 日

海军大臣致海军部政务次官：

我非常高兴，你和工会的谈判相当成功。但对于"劳工部训练中心"的问题，必须慎重。这个机构，根据它以往的组织情况来说，它实际只是一个半慈善性质的组织，以救济贫民区的不幸人民为目的。

它们从来不是为把半熟练工训练成为技工而组织的。根据这种组织的现状，它对我们来说只是一种陷阱。我们必须要找能够胜任的人去学习新的技艺。劳工大臣经常说，他的训练中心只能涉及失业人员，意思是指和平时期的失业人员。但我们要招收培养的，却是较有活力的一类人，这些人不过是因为战争的关系而改变一下职业罢了。

我认为你还是要依靠造船厂和海军部所属的专门技术学校来进行训练工作。

请谈谈你的意见，因为在我看来，这个问题似乎是一个严重的错误。

1940 年 3 月 11 日

海军大臣致第一海务大臣及其他人员：

我们现在既然无权干涉挪威走廊，那是不是可以找到一两艘船首经过特别加固、最好装有撞角的快速商船呢？这种船只可以装上货物，驶入挪威水道，寻找德国铁矿石运输船或其他商船，然后假装发生意外撞击它们。这只是"Q"式船的另一种发展。

1940 年 3 月 14 日

海军大臣致海军副参谋长、海军情报局长（请立即行动）（密件）：

欣韦尔先生说，在西班牙维哥仍有许多德国商船，船上的船员有许多不是德国人，而在德国船员中，有许多不是纳粹分子。他建议，花上一点钱并进行一定的组织工作，就可能鼓动他们把这些船驶到海上，再由我们的舰艇进行拦截。对于那些把船驶出的人，则给予适当的酬劳。这种说法有没有什么依据？

1940 年 3 月 22 日

海军大臣致海军副参谋长及第一海务大臣：

自1940 年 3 月 29 日的《每日电讯报》剪下：有二十艘纳粹船只准备启航——企图冲破封锁（阿姆斯特丹，星期五）。据闻"厄尔斯

特"号现在正在鹿特丹。

我从《每日电讯报》上剪下这段新闻，并询问情报局长，其原因在于德船大批撤离荷兰港口，很可能对荷兰本身是一个危险的征兆。我相信你也会有同样的想法。

1940 年 3 月 30 日

海军大臣致秘书：

在失业人数近一百五十万人，而陆军没有严重伤亡的情况下，我反对调动我们的造船人员，因为我们需要这些人，调动他们会打乱海军部的工作部署。这个问题必须根据内阁决定来解决。请你设法转告威尔逊爵士，非常遗憾我没有采纳他的意见。

1940 年 3 月 31 日

1940 年 4 月

海军大臣致军需署长：

有四十艘驱逐舰正在修理，它们重新归队的情况究竟如何？另外，为了能够提前建成新的驱逐舰，尤其是第四十分舰队的驱逐舰，能不能省去一些颇费时间的工序，比如交工前的修整和添设新式装备？我们最大的目标是，在今年夏季的几个月内获得尽可能多的驱逐舰。等到我们的舰艇更充裕的时候，它们可再回厂做进一步处理。

1940 年 4 月 1 日

海军大臣致第一海务大臣及其他人员：

虽然我看不出意大利的局势有什么不利变化，但我估计海军参谋部有关部门正在拟订或已经制订了一项计划，准备一旦意大利逼迫我们与它对抗时，就在地中海和它进行海战。内阁也许会向我们索取这样的计划。所以我希望能尽早地看到这个计划，无论如何，四五天之内要送来。

1940 年 4 月 4 日

海军大臣致军需署长：

因为我们要全力对付意大利的威胁或攻击，所以我们应把力量集中在"胡德"号上。

"胡德"号什么时候才能出海，请给我一份时间表。

1940 年 4 月 12 日

海军大臣致海军副参谋长：

除了法罗群岛以外，还有没有其他需要注意的丹麦岛屿？

另外，请你要求参谋部研究一下，库拉索在荷兰陷落之后形势如何。第四海务大臣曾对我谈到过，我们的石油供应有赖于库拉索炼油厂。我希望得到有关这个问题的简短报告。

1940 年 4 月 12 日

海军大臣致商船修理署长：

1940 年 4 月 9 日有关造船厂工人的周报

这份报告好多了，这还是第一次收到报告说新商船的产量有所提高。我们自 2 月 1 日接管以来，到现在一共增加了一万五千人。前任政务次官已经做了一些安排，你认为他做得是否妥当，并且现在能顺利地进行吗？我们还需要三万人，但为了达到这个目的，我们还必须付出最大的努力。现在还有什么其他的办法吗？

关于向内阁提出报告一事，现在你是否做好了准备？上周，我本来想送给内阁的。我希望你能在下周准备好报告。你是否可以让我先看看提纲？

1940 年 4 月 12 日

海军大臣致海军副参谋长：

你主管下的一个部门应对西班牙岛屿作一番仔细的研究，以防西班牙被卷入战争而不再信守中立。

1940 年 4 月 13 日

海军大臣致军需署长，第一海务大臣及秘书：

4 月 13 日军需署长关于"胡德"号的记录

这份记录所说的情况，与提议在马耳他岛修理这艘船时我所听到的截然不同。当时我得到的保证是：只需要三十五天就能修好这艘船，不超过三十五天就可出海，也就是说，这艘船不需要很久就能修好出海。前几天，当我问起还要多久"胡德"号才能归队重新服役时，得到的回复是还需要十四天。那么也就是说，到目前为止，这艘船已经修了二十多天，而现在又说还要加上四月的十七天和五月的三十一天，共计六十八天，这艘船十分重要，当它在这个危急时期入港修理时，修理的时间超出了当时人们告诉我的时间将近一倍。请向我解释修理时间延长的原因。而且在这六十八天的修理时间以后，修理后备供油舱又需要十四天，那总共就是八十二天，也就是说，在战争最危急的时期，"胡德"号的修理需要将近三个月的时间。

我上次在斯卡帕湾的时候，负责修理"胡德"号的工程师信誓旦旦地告诉我，对于该船上所有有问题的凝结管，他们已经找到了保养方法，速度可以提升到二十七海里，并且他还说这条船还能继续服役六个月。

鉴于意大利的态度，我很遗憾没有收到确切的情况汇报。

1940 年 4 月 13 日

海军大臣致第一海务大臣及其他人员：

我们必须考虑，如果纳尔维克在短期内落入我们手中，我们打算怎样加以利用。第一，我们要把它作为一个便于利用的加油基地，我们在挪威沿岸活动的分舰队就可以在这里加油，这样最为经济。第二，我们需要以最积极的方式，把该处的大批矿石运往我国。

为了达到这些目的，我们必须派遣一支人数适中的驻军，比如说，调遣本土防卫队约一千人，调派能够对付高空及低空飞机的几个强大的高射炮兵连，设立一个用铁丝网、水栅，也许再加上布雷等方法形成的封锁区，油船的供油要充足。淡水是否充足呢？

我们必须防备敌人不时地空袭，应装备几门防卫海岸的大炮。也许可以用击沉的德国鱼雷艇来提供一部分大炮。必须对打捞和修理鱼雷艇的工作进行研究，此外应使港口尽可能快地恢复工作。现在募集的海军陆战队工作队，可以派其中一部分到纳尔维克去。我相信那里会有很好的工厂，可以完成修理工作。海军部一部分人员（我想应该是计划处的吧）今天起开始研究这个问题，并提出我们的要求。我们的目的在于一旦我们控制了纳尔维克以后，应该在最短的时间内实现自给和自卫，因为在纳尔维克以南沿海的一些地方，还需要我们全力以赴。所需大炮（高射炮）可由英国防空委员会供应。

1940 年 4 月 14 日

海军大臣致文官大臣：

法罗群岛

以你在部内的经验和关系，你现在应该负起协调行动的责任，使法罗群岛符合我们的目标。海军副参谋长可以把我们的要求告诉你。请你每周写一份报告。我们必须在最短时间内，占领一个飞机场和一个雷达站，同时还需要一定数量的防空设备和几门海岸大炮。这个地方对于袭击舰来说，是一个很具有吸引力的基地。

1940 年 4 月 16 日

海军大臣致首相：

对法国缴获德国关于军火报告的评论

有一种错误的设想是，我们的攻势可以只靠无限制地使用大炮炮弹来维持。军队的攻势会因为错综复杂的地形或弹坑密布的地段而难以行军。但步兵是必须要穿过这个地段的，而且还必须和守军进行肉搏战。所以，就弹药的消耗而言，守军的实力会因此得以保存下来，等到敌军步兵进攻时再发射炮弹，因而可以节省大量的弹药。有人说，"当进攻的军队没有了充足的弹药时，任何大规模进攻都只能告终"，但这种说法是不对的。当战斗部队离出发地点越来越远时，进攻的劲头也会逐渐消失。无论是弹药或是粮食，都会发生供应不足的情况。他们越是用大炮破坏中间地带，向战斗部队运送弹药（即使弹药就在原来已经向前移动的临时贮藏站中）就会越困难。到了那个时候，就是守军发动反攻的时机了。

这篇报告非常有意思，我印象中一定是德国军火部门的高级人员做的，只是单纯地从炮弹入手。炮弹是极重要的，而且永远也不会嫌多，但并不能就此认为，在现代战争中，依靠无限制地使用炮弹就可以取得大规模的胜利。对炮兵来说，如何在战斗的不同阶段为大炮输送弹药，迄今为止一直都是一个限制因素。

1940 年 4 月 18 日

海军大臣致萨默维尔海军上将：

请你给我一份简单的报告，说明雷达站目前的情况和海军及沿岸防务一事，说明它的弱点以及你希望采取的改进办法。

1940 年 4 月 21 日

海军大臣致第一海务大臣及海军副参谋长：

我非常担心那些在纳尔维克入口处的布雷区，是因为"厌战"号现在已经驶离了那个地方，只有"决心"号还在那里，它还没有做好战斗的准备，如果"沙恩霍斯特"号和"格奈森诺"号在一个晴朗的早晨突然出现，这艘舰船在大炮射程上定将处于弱势。不过为了躲避远程炮火，它或许可以隐蔽在峡湾里，迫使敌舰缩短距离，再进行作战，要不然我们或许可以修理"决心"号。总之，我认为我们必须确保纳尔维克不受海面敌舰的袭击。①

1940 年 4 月 25 日

---

① 当时我们的船只以罗弗敦群岛的希尔峡湾为前进基地。这个基地掩护着由佛斯特峡湾通往纳尔维克的入口。

（即日采取行动）

海军大臣致第一海务大臣及其他人员：

根据法罗群岛传来的关于飞机及海上飞机基地的坏消息，以及我们必须在整个挪威海岸与德国人周旋的事实，我们似乎必须在冰岛占有一个基地，供我们的飞机停留和北方巡逻队的舰艇加油之用，请准备好理由，向外交部提出。我们的这一需要，越早让冰岛人知道越好。

1940 年 4 月 28 日

海军大臣致利斯戈爵士与军需署长：

自德国侵略挪威和丹麦以来，我们俘虏了约七百五十艘船只，共计三百万吨。我们有必要考虑这对于改善我们的航运和造船现状产生的作用。显然，我们在着手进行目前的计划之前，我们绝没有料到局势竟然得以缓和。我想知道你对此事的看法，尤其是对于利斯戈爵士最近写的报告的感想如何。

1940 年 4 月 30 日

有关人事的一些问题

海军大臣致第一海务大臣，第二海务大臣及秘书：

我刚才核准了发给北方巡逻队的电文。

关于纽芬兰的渔民：纽芬兰严冬常有暴风雪肆虐，要想有效执行电文里的任务，纽芬兰人的航海技术就是一个要素。这些人生活在大海的狂风巨浪中，是世界上最顽强、航海技术最高的渔民。他们迫切希望得到雇用。请提出在纽芬兰立刻征集一千名人员加入皇家海军志愿后备队的办法，同时起草给自治领事务处的必要函件并列出征募条件。他们对大海了如指掌，因此可以马上用某些方法来训练他们。十天之内，这项工作就应在纽芬兰开始进行。

1939 年 9 月 18 日

海军大臣致第二海务大臣：

在和本土舰队总司令的谈话当中，我曾答应研究在斯卡帕湾为本土舰队及北方巡逻队准备一艘能观看戏剧及电影的船只。

我认为用船比在岸上安装娱乐设备要好得多。我想到在第一次世界大战中为大舰队所做的安排，那时用的是"廓尔喀"号轮船。

这艘船除了应该有放映电影及舞台表演的设备外，还应当有一个由海陆军招待所开办的大商店，还可以加一艘有冷藏设备的船只。

请你拟订计划，以便提供斯卡帕湾海军生活中这项极为重要的附属部分。

1939 年 9 月 21 日

海军大臣致第二海务大臣及秘书（密件）：

泄密的问题

不经过审判、不提出控诉，甚至不进行询问，这份文件就提议开除一个海军下级士官。有六个人和举例的人同名，他被认出是因为牙齿特别白。据说他曾在一次午餐上说了一些不恰当的话，不够谨慎小心。文件中没有提到有人收买了他或者他意图叛变。我认为，法院不能把这些文件当作证据指控他有罪，就算是检察官也看不出。但现在却不给他任何为自己辩护的机会，在大战伊始就把他赶到军队大门之外，让他一生都背负奸细或卖国贼的嫌疑。

这种做法是不准许的。如果认为这种泄密事件值得追究，虽然不是很严重，但也很令人恼火，应当属于刑事诉讼的范围，那么就根据《海军惩戒法》上的某个具体罪名，直接向军事法庭提出控诉，只有军事法庭才能宣判他有罪或无罪。

对于造船厂的雇员和其他人员来说，如果证据也是这样模糊和不充足就无须采取这种办法。作为行政上的措施，把他们稍微调整一下，还是可以的。

1939 年 9 月 29 日

海军大臣致秘书：

请你把不能采用从低级人员擢升这一办法的部门列出来。能够应用和不能应用该办法的部门比例如何？

1939 年 10 月 4 日

海军大臣致第二海务大臣、政务次官及秘书：

请你们说明，为什么有些工种的人员不能因功擢升至委任级？为什么厨师或乘务员可以，电工、炮工或造船工人就不能？电报员可以，油漆工就不能？显然在德国油漆工要升至委任级是没有什么困难的。

1939 年 10 月 7 日

海军大臣致秘书：

海军元帅

我们不需要口头交涉这个问题。关于致第一及第二海务大臣的节略，请你为我起草一份，这主要是为了解决困难，起草后由我签字。和陆军元帅一样，我很清楚海军元帅应该一直保留在现役军官的名册上，而且年龄太小也不是他们更难获得擢升的理由。你可以以私人名义向财政部说明这里并不涉及钱财的问题。如果联合王国的国旗只是挂一两天，然后再到切尔腾纳姆退休，偶尔给《泰晤士报》写写信，那么被任命为海军元帅又有什么价值呢？

1939 年 10 月 7 日

海军大臣致第二海务大臣和有关人员及秘书：

（皇家海军在雇用印度人或殖民地土著时）不应该因为种族或肤色区别对待他们。但实际上，如果过多推行这个平等理论，就会出现很多困难。我们要从能否让行政工作顺利推行出发，判断每一件事的是与非。如果我们需要能够胜任的印度人，我认为也没有理由反对他们在皇家舰艇上服务；如果他们具有作为海军元帅的品质，那也没有

理由反对他们升任海军元帅。但请不要从他们当中提拔过多。

1939 年 10 月 14 日

海军大臣致第一海务大臣：

我看没有理由在战时停止对自治领征兵，或对自治领关闭海军的大门。我特别关注纽芬兰，关于该地我曾给予专门的指示。当然，我们不能让纽芬兰人被迫"离开纽芬兰自己找到来这个国家的路"。我们应该征募尽可能多的兵员，予以训练并运至联合王国。我希望能招募一千名。我听说此事正在进行中，请写一份报告，确切地说明纽芬兰方面工作的进展情况。

关于其他自治领方面，凡是合格的应征入伍人员，无论是只参加作战或志愿永久服役，都应予以接受。这种海军人员可以在自治领海港加以训练，如悉尼、哈利法克斯、埃斯奎莫尔特和西蒙斯敦等地。然后再找机会把他们分批运回我国，或由在自治领靠岸的英国军舰征召他们服役。

为了克服困难，请根据上述方针拟出一个计划。

1939 年 10 月 24 日

海军大臣致第四海务大臣：

我听说扫雷艇人员没有可佩戴的徽章。如果事情的确是这样，那应该立即设法补救。我已经请布雷肯先生要求肯尼思·克拉克爵士在一星期内绘成图样，然后以最快的速度制作，一拿到徽章就马上分发下去。

1939 年 12 月 12 日

海军大臣致海军秘书及其他有关人员：

"鲑鱼"号战时巡逻的记述

我完全同意第二海务大臣昨天提出的备忘录。其中所提关于擢升和嘉奖的建议，无论是关于军官的还是士兵的，我都非常同意。关于擢升方面，我等待海务大臣们提出建议。海军秘书应准备好呈交英王的嘉奖名单，并且，如果有可能，应于"鲑鱼"号再度出海前，把官兵名字一律公布。也许国王会亲自召见这位军官（比克福德少校），并在召见结束时授予优异服务勋章。请海军秘书设法弄清王宫内对此有什么意见。对于"厄休拉"号的艇长，可能也需要给予类似但不必完全相同的奖励，而且，同"鲑鱼"号的情况一样，艇上水兵也必须一起参加授奖。我们应尽一切努力，让士兵和军官同时领奖。这项工作最迟应在四十八小时内全部办完。

1939 年 12 月 19 日

第一海务大臣致秘书：

某学员的入学资格

根据这个考生较高的教育程度、他和军队的关系以及他的父亲在1月4日信中所提及他的简历，很难理解我们为什么要对他拒不接受。我们必须特别注意，不要在录取的决定中掺杂上阶级的偏见。所以如果不能向我提出更充分的理由，我就会让我的海军秘书在按照来件建议给他父亲写信以前，代表我去和那位青年谈谈。

1940 年 2 月 8 日

海军大臣致秘书：

1939 年 11 月参加海军学校入学考试落选的考生

如果我认为这个决定不公正，那即使是调查正式委员会的意见，或者是改变委员会的组织，或者是更换主席，我都会在所不惜。这个委员会已经改组多久了？那天我看到了达特默思军校学生的齐步走，这给我留下了很坏的印象。反之，那些准备升为军官的士兵在朴次茅斯演习场上操练和受训的景象，却给我留下了很深的印象。虽然他们的年龄大得多，但精神面貌却看起来好很多。

要和那位青年见面的，不单是我的海军秘书，如果有时间，我也希望亲自和他谈一谈。选拔委员会的海军代表是谁？海军应该有合适的代表。

因此请尽快办理。

请把整个委员会的名单给我，写明每个委员的全部经历以及任命日期。

1940 年 2 月 25 日

海军大臣致第一海务大臣及海军副参谋长：

1. "鲑鱼"号已经完美地完成了艰巨的任务，我同意你们的提议，让它作为一艘额外的实习潜艇，到德文波特待几个月。此外，请比克福德少校到海军部的计划司去（比如说六个月），这样的话，对于赫尔戈兰湾最近的形势，计划司就能直接保持密切的接触。我看这位军官似乎很干练，有极丰富的反潜艇战经验，我希望你要尽快搜集这些经验。

2. "厄休拉"号不参加挪威商船护航队的理由是什么？

3. 潜艇司令认为还有一些舰艇工作过度紧张。这事以后可以研究一下。

4. 如果只是一般的战争，人人只需全力作战即可，那就不需要讨论这种职务的变化了。但鉴于目前有少部分人可能会受到伤害，尤其是在布雷区工作的潜艇，冒的危险越来越大。因此我认为我们应该实行轮换制，有些舰艇和官兵曾经历过一段特别艰苦的日子，或者已经建立了功绩，就可以把这些舰艇和人员调到比较轻松的岗位上，把立功和扬名的机会让给其他人员。去潜艇工作的人是否是一些适合在赫尔戈兰湾工作的水手呢？这样就会有更多的人来分担重任了。我希望你们对此加以研究。

5. 在"鲑鱼"号和"厄休拉"号上工作的人员是否已经得到了他们的奖章和勋章呢？军官们已经授勋了。请务必采取特别措施，保证士兵们在下次出海前，就能获得这些嘉奖。

1940 年 2 月 25 日

海军大臣致第二海务大臣及第四海务大臣：

双陆棋在士官起居室、中级和下级士官室内都是一种很好的游戏，我想水手们一定可以从中享受到乐趣。罗瑟米尔勋爵给我预备的供各种娱乐项目使用的那一千英镑，现在怎么样了？是否已经用光，是如何用的？如有必要，我当然还可再筹到些款项。在战时舰上服务的时光里，双陆棋比扑克牌要好，因为它只需花二十分钟或十五分钟，而扑克牌需要的时间则长得多。

1940 年 3 月 24 日

海军大臣致第一海务大臣及第二海务大臣：

我看到德国报纸指控我们的士兵犯下劫掠罪。如果不是我注意到"阿尔特马克"号舰长的手表、经纬仪及铁十字勋章被窃，现在由某些水兵当作纪念品保留，我认为本不必提出此事。任何这类的行为，必须严加禁止。凡是有些价值的纪念品，未经报告和批准，不得私自保存。敌人的个人财产可由国家予以没收，但绝不许个人保留。

1940 年 3 月 25 日

海军大臣致第二海务大臣：

我已经见到那三个应考者了。在这次教育选拔考试中，在四百名应考人员中有三百二十名考试及格，其中九十余名成绩优良。这三名青年分别位列第五、第八、第十七名，因此我不懂为什么说他们不合乎海军服役的要求。不错，在三人中，A 略带一点伦敦土音，其他两人分别为商船队中的一个大副及一个轮机长的儿子。但是选拔考试的整个目的，是让有能力的人都有得到这个职业的机会，而无关他的阶级和财富。一般来说，大家都认为，考试成绩特别好的应考者就会被录取。然而在教育程度测验中成绩极差的人，在少数情况下也可以加入军队。但拒绝接受名列前茅的青年（除非他们有某种极为严重的缺点），是完全违背议会所批准的原则的。

我敢断言，如果这个委员会在面试这些青年之前，已经知道他们

属于全部应考名单中最聪明的一批，就不会采取这样严厉的态度，根据一次口试就把他们全部否定。在我看来，今后委员会的口试应放在笔试以后举行，并把笔试成绩摆在面前作为参考。此外，如果早已决定一个青年即使考了第一名，也不会被录取，那么就不应该再让他参加考试，经受考试的紧张与焦虑。

我还觉得，没有必要提出关于口试和简历不合格的标准。此外还应通知口试委员会，他们可以对同一应考者，根据兵役中各单位的不同要求，予以不同的分数。显然，一个青年担任军需官也许比做行政人员更为适合，委员会应该可以做出相应的评定。

口试委员会当然没有必要面见每个应考人员。教育程度测验必须要有标准。目前及格分数是四百分，满分是一千三百五十分。我注意到在上次考试中录取的青年，都拿到了六百分以上。如果把教育程度测验的合格标准提高，那么口试委员会的工作不是就自然会减轻一些了吗？

请提出对现行制度的修改建议，以实现上述各点。对于上面我所提及的三人，应给予学员资格。

1940 年 4 月 7 日